Conexión de repositorios educativos digitales: Educonector.info

CONACYT

cudi

Fernando Jorge Mortera Gutiérrez
María Soledad Ramírez Montoya

COMITÉ CIENTÍFICO Y TÉCNICO

Los autores de esta obra agradecen al grupo de académicos que participaron en la evaluación del contenido de los capítulos que integran esta obra, con una valoración científica o técnica. A continuación los nombres ordenados alfabéticamente de acuerdo con el país donde se ubican sus entidades de trabajo.

NOMBRE	PAÍS	INSTITUCIÓN	PUESTO
Vicente Hernán León Vázquez	Chile	Universidad Adventista de Chile	Director de docencia y posgrado
Xavier Ochoa	Ecuador	Escuela Superior Politécnica del Litoral	Profesor-investigador de Facultad
Patrick Imbasciani	Estados Unidos	Profesional independiente	Asesor estratégico independiente
Federico Guillermo Salazar	Guatemala	Universidad de San Carlos de Guatemala	Catedrático/Profesor
Jorge O. Trisca	México	Universidad de Montemorelos	Profesor-Investigador
Guillermo Tanamachi Hashimoto	México	Hewlett Packard	Gerente de desarrollo en TI
Gabriel Alejandro López Morteo	México	Universidad Autónoma de Baja California	Profesor tiempo completo /Investigador
Ricardo Blanco Vega	México	Instituto Tecnológico de Chihuahua	Profesor tiempo completo /Investigador
Luís Luján Vega	México	Instituto Tecnológico de Delicias	Profesor tiempo completo /Investigador
Luis David Hernández Martínez	México	Universidad Autónoma de Chihuahua	Corrector de estilo Revista Synthesis de la UACH /docente de la UTCH
Patricia Rossana Perera Hernández	Uruguay	Universidad de la República	Profesor tiempo completo /Investigador
Antonio Silva Sprock	Venezuela	Universidad Central de Venezuela	Profesor tiempo completo /Investigador

Conexión de repositorios educativos digitales:

educonector.info

Fernando Jorge Mortera Gutiérrez

y

María Soledad Ramírez Montoya

Catalogación en la fuente

Conexión de repositorios educativos digitales: educonector.info / coordinadores Fernando Jorge Mortera Gutiérrez y Maria Soledad Ramírez Montoya

1ra ed. México, Noviembre 2013; Editorial LULU.com (pg. 96); Crown Quarto (18.89 ancho x 24.59 alto) / Rústica (tapa blanda)

ISBN: 978-1-304-64913-3

LC – ZA 4081.86

Coordinación editorial
Fernando Jorge Mortera Gutiérrez
María Soledad Ramírez Montoya

Coordinación de producción editorial
José Vladimir Burgos Aguilar

Revisión editorial
Saraí Márquez Guzmán

Diseño de portada
EUCOSYS (Fco. Javier Bernabé Salazar)

Colaboradores
Leonardo Glasserman

Es una publicación de la **Cátedra de Investigación de Innovación en Tecnología y Educación** (CIITE www.tecvirtual.itesm.mx/convenio/catedra/) del Tecnológico de Monterrey (ITESM). El grupo de investigadores que conforman el CIITE buscan capitalizar los esfuerzos de innovación educativa y las aplicaciones pedagógicas de las tecnologías emergentes. En este contexto, la innovación educativa encaminada al cambio para la mejora de los procesos se hace latente.

El contenido de este libro es resultado de un proyecto financiado por la **Corporación Universitaria para el Desarrollo de Internet** (CUDI http://www.cudi.edu.mx/) y el **Consejo Nacional de Ciencia y Tecnología** (CONACYT http://www.conacyt.mx). CUDI y CONACYT integran un programa de investigación que impulsa proyectos colaborativos entre los miembros CUDI. Este programa fomenta, articula y promueve oportunidades e iniciativas nacionales e internacionales, así como la conformación de comunidades de académicos que se organizan alrededor de temáticas específicas en proyectos que contribuyan al desarrollo del país. En el marco de una convocatoria del programa CUDI-CONACYT se respaldó el proyecto que se presenta en este libro, donde confluyeron profesores investigadores de educación superior miembros de CUDI e instituciones afiliadas que se interesaron en unirse en el esfuerzo de trabajar con profesores de educación básica en México.

ÍNDICE

PRÓLOGO: CONEXIÓN DE REPOSITORIOS EDUCATIVOS DIGITALES: EDUCONECTOR.INFO

"La comunicación efectiva de todo sistema
es la relación recíproca de sus elementos".
(Claude Levi-Strauss).

Las anteriores palabras de uno de los pensadores más importantes del estructuralismo francés cobran especial sentido en el proyecto de investigación y aplicación tecnológica que aquí se presenta, desarrollado en el área de la tecnología educativa. El presente libro da cuenta de los estudios emanados del proyecto, donde se trabajó en la conexión de un grupo de repositorios educativos diversos que se conjuntaron y funcionaron como un sistema estructurado para poder intercambiar información de manera pronta y expedita y con ello facilitar la búsqueda y el acceso a recursos educativos abiertos, objetos de aprendizaje, videos educativos y otro tipo de materiales educativos abiertos que respeten derechos de autor y diversas formas de licenciamientos, disponibles en la red de internet, para facilitar la labor académica de docentes, alumnos y público en general.

Las Tecnologías de la información y de las Comunicaciones (TIC) tienen el potencial de facilitar la diseminación digital del conocimiento de las universidades, instituciones educativas y organizaciones gubernamentales, para apoyar y potenciar el desarrollo social y económico de los países. El proyecto del que se da cuenta en este libro, fue patrocinado y financiado por el un fondo mixto de la Corporación de Universidades para el Desarrollo del Internet (CUDI) y el Consejo Nacional de Ciencia y Tecnología (CONACYT), en los años 2010-2011. Este proyecto tuvo como título: "Metaconector de repositorios educativos para potenciar el uso de objetos de aprendizaje y recursos educativos abiertos: mejores prácticas".

El proyecto tuvo tres objetivos centrales:

1) Ayudar a dar visibilidad a la producción científica, académica documental de las instituciones de educación superior, centros de información, bibliotecas, centros de innovación e investigación y otras fuentes de producción intelectual.
2) Desarrollar un "*metaconector*" o cosechador de datos (http://www.educonector.info/) que permitiera acceder a información básica de distintos repositorios digitales de recursos y materiales educativos que provean interoperabilidad y que pueda ser aprovechados por catálogos (*infomediarios*) en internet, con el objetivo de facilitar la tarea de encontrar, evaluar y compartir recursos educativos abiertos (REA) y objetos de aprendizaje (OA) y Videos Educativos con la comunidad e instituciones educativas (figura 1).
3) Documentar, describir y analizar los procesos de uso e implementación de objetos de aprendizaje (OA) y recursos educativos abiertos (REA) que permita generar una guía de referencia de aprovechamiento de los mismos en actividades académicas (http://issuu.com/licci/docs/guia-rea-oa). Esto es, una metodología de incorporación de recursos de Internet en ambientes educativos enriquecidos con tecnología (figura 2).

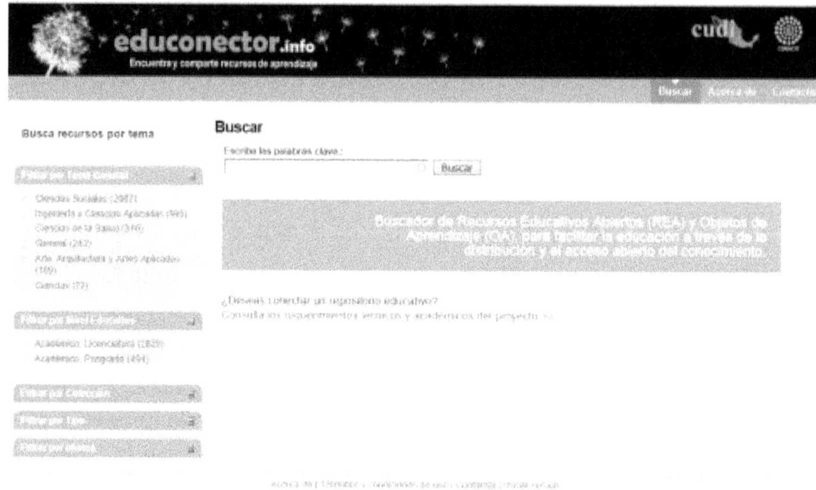

Figura 1. Portal del educonector.info (http://www.educonector.info/).

En este marco un grupo de investigadores y académicos mexicanos de cinco instituciones de educación superior de diversas partes de México, se reunieron para desarrollar y ejecutar este proyecto. Las instituciones participantes fueron:

1. Tecnológico de Monterrey (ITESM), en Nuevo León
2. Universidad de Montemorelos (UM), en Nuevo León
3. Universidad Autónoma de Guadalajara (UAG), en Jalisco
4. Universidad de Guadalajara (UDG), en Jalisco
5. Instituto Tecnológico de Chihuahua (ITCH), en Chihuahua.

Adicionalmente, más de 219 profesores de diferentes instituciones de educación básica y media superior en varios estados del país (Nuevo León, Zacatecas, DF, Estado de México, Querétaro, Jalisco y Chihuahua) participaron en el proceso de aplicación de la tecnología e investigación educativa, a los cuales se les agradece su apoyo.

Figura 2. Guía de uso de REA y OA (http://issuu.com/licci/docs/guia-rea-oa).

De manera trasversal, los investigadores y académicos participantes de las cinco instituciones del proyecto diseñaron y aplicaron diferentes instrumentos de recolección de datos (autodiagnósticos, usabilidad, valoración del conocimiento, aplicación práctica en el campo, entrevistas, observaciones *y focus groups*) para realizar estudios sobre los tres objetivos del proyecto. Los resultados del sitio del *metaconector*: educonector.info y la guía de uso de REA y OA, han sido presentados a través de publicaciones en revistas, congresos y en el ebook que aquí se presenta a través de cinco capítulos:

Capítulo 1: Reflexiones sobre la construcción de una metodología y guía de referencia de uso de recursos educativos abiertos (REA) para mejorar las prácticas docentes y habilidades digitales. En este capítulo los autores Fernando Jorge Mortera (ITESM), Ana Lucrecia Salazar (UM) y Jaime Rodríguez (UM), aportan análisis teórico-práctico sobre la construcción de procesos para integrar REA en los procesos educativos, como parte de los resultados del proyecto: "*Metaconector* de repositorios educativos para potenciar el uso de objetos de aprendizaje y recursos educativos abiertos: mejores prácticas". En este se documentaron, describieron y analizaron los procesos de uso e implementación de objetos de aprendizaje (OA) y recursos educativos abiertos (REA), que permitieran generar una metodología y guía de referencia de aprovechamiento de los mismos en actividades académicas, al establecer una estrategia didáctica de búsqueda e implementación de REA y OA para identificar mejores prácticas de uso.

Capítulo 2: Caracterizando recursos educativos abiertos (REA) y objetos de aprendizaje (OA) que fomentan un aprendizaje activo en los alumnos de primaria. Los autores Leonardo David Glasserman (ITESM), Fernando Jorge Mortera (ITESM), y María Soledad Ramírez (ITESM), presentan un estudio para recopilar datos sobre la exposición y uso de recursos educativos en el desarrollo de aprendizaje activo en alumnos de nivel primaria. Los REA y OA estuvieron ubicados en tres repositorios y un catálogo indexado de REA, supervisados por tres instituciones de educación superior en el país. El contexto se desarrolló en tres grupos de una escuela primaria del sector público ubicada en la zona metropolitana de Monterrey, Nuevo León, México. Los resultados dan cuenta que en los tres casos analizados los recursos digitales contribuyeron hacia un aprendizaje colaborativo por lo que se cumplió la premisa de un aprendizaje activo.

Capítulo 3: Educonector.info: observatorio abierto de producción académica y científica mexicana. En este capítulo los autores Silvia Irene Adame (UAG), José Vladimir Burgos (ITESM), y Luis Lloréns Baez (UABC) presentan los resultados de un estudio observacional y descriptivo, el cual tuvo como objetivo dar a conocer el desarrollo informático del *metaconector* "educonector.info", que da visibilidad a la producción académica y científica de las instituciones de educación superior mexicanas participantes del proyecto, al compartir sus repositorios digitales para que la comunidad académica y usuarios de internet en general. Lo anterior se presenta con base en la experiencia adquirida al formar parte del comité técnico del proyecto auspiciado por CUDI- CONACYT.

Capítulo 4: Implementando un proveedor de datos OAI para una colección federada de recursos educativos abiertos. Los autores Alberto Pacheco (ITCH) y Rene Cruz (UAEM) describen las experiencias en la implementación de un proveedor de datos OAI a partir de un repositorio experimental, con el objeto de habilitar el protocolo OAI-PMH y la URL base necesarios para realizar la recolección de metadatos por medio de un proveedor de servicios OAI, para conformar una colección federada de recursos educativos abiertos a partir de los recursos disponibles en los repositorios de diferentes instituciones educativas. En este caso de estudio se presenta, a manera de tutorial breve, una serie de fundamentos y recomendaciones que pueden ser de utilidad para implementadores de proveedores de datos OAI, y abarca tanto aspectos conceptuales como pragmáticos para facilitar una implementación que posibilite el acopio y la diseminación de recursos educativos abiertos en la internet.

Capítulo 5: Implementación de algoritmos para la construcción de proveedores de datos OAI. El autor, Oscar Beltrán (ITCH), presenta un conjunto de reflexiones sobre la Web Semántica (WS) y propone las actividades y tecnologías para describir los recursos de la web con representaciones procesables; es decir, con descriptores explícitos o metadatos sobre el significado de esos recursos para que las máquinas puedan entender lo que la Web contiene. Es entonces que la Iniciativa de Archivos Abiertos u OAI, en congruencia con la WS, aborda el problema de la dispersión de recursos y documentos en internet, al implementar un protocolo de recolección de datos. En este capítulo se presenta una introducción a la OAI con una serie de algoritmos para la construcción de nodos OAI en su carácter de Protocolo Recolector de Metadatos o PMH. El capítulo también propone el desarrollo de una Interface Gráfica de Usuario (GUI) cliente que extraiga y genere los metadatos de cualquier recurso que pretenda ser publicado en Internet. El patrón propuesto para el diseño de los nodos e Interface Gráfica de Usuario es el Modelo-Vista-Controlador (MVC) en lenguajes y tecnologías como: AngularJs,

PHP Slim Framework, MySQL y el motor de plantillas Smarty en arquitecturas orientadas al servicio como REST (Representational State Transfer). Al final se describe brevemente la validación del servicio.

Los capítulos fueron valorados por académicos de Colombia, Argentina, Costa Rica, España, Uruguay y México, a quienes se les agradece su valiosa colaboración para mejorar los escritos y capítulos.

Unir repositorios educativos, para los lectores del futuro, quizás resulte un reto sencillo. Para los participantes de este proyecto, en su momento y en los años de realización, fue todo un logro, ya que fue el primer intento de hacerlo en México; se logró la conexión de tres repositorios digitales diversos en naturaleza y unificando criterios de protocolos tecnológicos y de prácticas académicas existentes. El trabajo en una comunidad de práctica de las cinco instituciones y sus participantes fue uno de los elementos más valiosos de la experiencia y del éxito de este proyecto. En 2013, el educonector.info, después de tres años de existencia, cuenta con 14 repositorios educativos vinculados a él, a lo largo de todo México. Confiamos que este libro y sus capítulos sean de provecho para todos aquellos que están interesados en el movimiento abierto, en los repositorios educativos, en los recursos educativos abiertos, los objetos de aprendizaje y videos educativos.

Con las palabras de Claude Levi Strauss "la comunicación efectiva de todo sistema es la relación recíproca de sus elementos" queda con este libro una posibilidad de seguir diseminando los esfuerzos de académicos institucionales que relacionan saberes multidisciplinarios para integrar aplicaciones tecnológicas que puedan aportar, a través de la interconexión de repositorios institucionales con contenido digital para facilitar la tarea de encontrar, evaluar y compartir REA y OA, posibilidades para la formación educativa en todos los niveles educativos, de manera abierta y compartida.

Fernando Jorge Mortera Gutiérrez y
María Soledad Ramírez Montoya
Coordinadores del ebook

CONEXIÓN DE REPOSITORIOS EDUCATIVOS DIGITALES: EDUCONECTOR.INFO

Reflexiones sobre la construcción de una metodología y guía de referencia de uso de recursos educativos abiertos para mejorar las prácticas docentes y habilidades digitales

Fernando Jorge Mortera Gutiérrez
Tecnológico de Monterrey (ITESM)
fmortera@tecvirtual.mx

Ana Lucrecia Salazar Rodríguez
Universidad de Montemorelos (UM)
anlusar@um.edu.mx

Jaime Rodríguez Gómez
Universidad de Montemorelos (UM)
jar@um.edu.mx

El propósito de este capítulo es presentar algunas reflexiones sobre la construcción de una metodología y guía de referencia de uso de recursos educativos abiertos, como parte de los resultados del proyecto: "Metaconector de repositorios educativos para potenciar el uso de objetos de aprendizaje y recursos educativos abiertos: mejores prácticas". El objetivo del proyecto fue desarrollar e implementar, tanto tecnológica como educativamente, un "metaconector" (metabuscador) que permitiera acceder a información básica de distintos repositorios digitales de recursos y materiales educativos, que provean interoperabilidad y que puedan ser aprovechados por catálogos (infomediarios) en internet. El propósito fue facilitar la tarea de docentes, alumnos y público en general para encontrar, evaluar y compartir recursos educativos abiertos (REA) y objetos de aprendizaje (OA) con la comunidad e instituciones educativas. Un segundo objetivo fue documentar, describir y analizar los procesos de uso e implementación de objetos de aprendizaje (OA) y recursos educativos abiertos (REA), que permita generar una metodología y guía de referencia de aprovechamiento de los mismos en actividades académicas, al establecer una metodología de búsqueda e implementación de REA y OA para identificar mejores prácticas de uso. Los beneficios e impactos obtenidos son: a) creación de una metodología que sirva de base y referencia para la comunidad educativa en el aprovechamiento de OA y REA y b) desarrollo (pilotaje y pruebas de concepto) de un software de vinculación de repositorios educativos bajo estándares de metadatos. El proyecto fue financiado por CUDI-CONACYT (2010-2011) y contó con la participación de cuatro instituciones de educación superior de México.
Palabras clave: recursos educativos abiertos, tecnologías de la información y las comunicaciones (TIC), innovación educativa.

Reflections on the construction of a methodology and reference guide to use open educational resources to improve teaching practices and digital skills

The purpose of this chapter is to present several insights on the construction of a methodology and reference guide for the use of open educational resources as part of the results of the project titled: "Educational repository meta-connection to promote the use of learning objects and open educational resources: best practices". The project objective was to develop and implement, both technologically and educationally, a "meta connection" (metasearch) software to allow access to basic information from different digital content repositories of resources and educational materials that provide interoperability and can be used by catalogs (infomediaries) via internet. The purpose was to facilitate teachers, students and the general public to find, evaluate and share open educational resources (OER) and Learning Objects (LO) within the educational community and institutions. A second objective was to document,

describe and analyze the processes of use and implementation of learning objects (LO) and open educational resources (OER), to generate a methodology and reference guide on how to use them in academic activities, therefore to identify best practices on their use. The project was funded by CUDI-CONACYT (2010-2011) and was developed by faculty of four higher education institutions in Mexico.
Key Words: open educational resources, information and communication technologies, educative innovation.

"Los recursos educativos abiertos son recursos destinados
para la enseñanza, el aprendizaje y la investigación..."
(William and Flora Hewlett Foundation, 2010)

Introducción

El desarrollo de internet y de sus potencialidades en los ámbitos económicos, políticos y sociales en la primera década del siglo XXI a nivel mundial, ha llevado a la aparición de manifestaciones culturales y educativas novedosas y significativas, entre las que destacan la producción y diseminación de recursos educativos abiertos (REA), entre cuyos objetivos se encuentra el de ayudar a disminuir la brecha educativa entre los países y entre la población de las naciones del mundo, así como de enriquecer el desarrollo cultural de los pueblos. Los REA son una parte importante del movimiento del open access (acceso abierto), tendencia mundial que se manifiesta de maneras distintas en los diversos ámbitos de lo cultural y de lo social, donde los recursos educativos abiertos son uno de sus más claros exponentes.

Los objetos de aprendizaje (OA), como una forma de producción y difusión del conocimiento digitalizado a través del uso de las herramientas de comunicación que posibilitan la WWW e internet, tampoco han sido exentos de la influencia del movimiento abierto, al punto de transformar, en cierto grado, su naturaleza de recursos educativos exclusivos en términos de propiedad intelectual, a recursos educativos abiertos y disponibles de manera gratuita para todos, bajo estándares de licenciamientos flexibles y asequibles.

Las Tecnologías de la Información y de las Comunicaciones (TIC) son una de las principales diseminadoras y promotoras de los REA y OA, ya que tienen el potencial de facilitar la distribución y circulación digital del conocimiento, tanto de las universidades, como de instituciones educativas, organizaciones y gobiernos.

Desde el año 2006 un grupo de investigadores académicos de varias instituciones mexicanas ha estado trabajando con la temática de los objetos de aprendizaje (ITESM, UDG, etc.) y, a partir del 2008, con la temática y desarrollo de recursos educativos abiertos (ITESM, UM, UDG, AUG, UAM, UR, ITCH, etc.). En particular, estos últimos, a través del apoyo y financiamiento del CUDI-CONACYT (Consorcio de Universidades para el Desarrollo del Internet), dentro de la Comunidad de Educación, han desarrollado e implementado varios proyectos sobre REA a nivel nacional e internacional (Knowledge-Hub/TEMOA, Recursos educativos abiertos para la formación de investigadores educativos, etc.).

Estos antecedentes llevaron a la idea de proponer en el 2010 el desarrollo de un proyecto de pilotaje para la creación de un "metaconector" (metabuscador) con código o registro abierto que permitiera acceder a información básica (LOM, DCMI) de distintos repositorios digitales de recursos y materiales educativos existentes en México, que proveyeran interoperabilidad (*open archive iniciative-protocol for metadata harvesting;* cosecha de metadatos) y que pudieran ser aprovechados por catálogos (infomediarios) en internet, para posicionar dichos repositorios en la WWW y facilitar así la tarea de encontrar, evaluar y compartir recursos educativos abiertos y objetos de aprendizaje, con la comunidad e instituciones educativas, para beneficio de maestros, alumnos, autoridades y padres de familia, entre otros.

En un segundo momento, el proyecto se planteó el objetivo de documentar, describir y analizar los procesos de uso e implementación de objetos de aprendizaje y recursos educativos abiertos, realizados por maestros y profesores durante sus cursos y establecer una metodología de búsqueda e implementación, permitiendo con ello identificar las mejores prácticas educativas de su aprovechamiento. El proyecto fue aprobado en abril de 2010, e inició sus actividades en septiembre del mismo año, con duración de doce meses hasta septiembre de 2011. El proyecto fue financiado por CUDI-CONACYT (2010-2011) y contó con la participación de cuatro instituciones de educación superior de México.

Las cuatro instituciones participantes del proyecto fueron: Tecnológico de Monterrey (ITESM/Universidad Virtual) y Universidad de Montemorelos (UM) en Nuevo León, la Universidad de Guadalajara (UDG), en Jalisco y el Instituto Tecnológico de Chihuahua (ITCH), con sede en Chihuahua. Tres de ellas participaron con sus repositorios educativos, a excepción de la Universidad de Montemorelos. Los repositorios que se conectaron finalmente a través del "metaconector" fueron: DAR (http://catedra.ruv.itesm.mx/), del ITESM, CREA (http://www.crea.udg.mx/index.jsp) de la UDG, Laboratorio Mobile-Learning (http://movil.itch.edu.mx/M-Learning_Lab/Laboratorio_M-Learning.html) del ITCH.

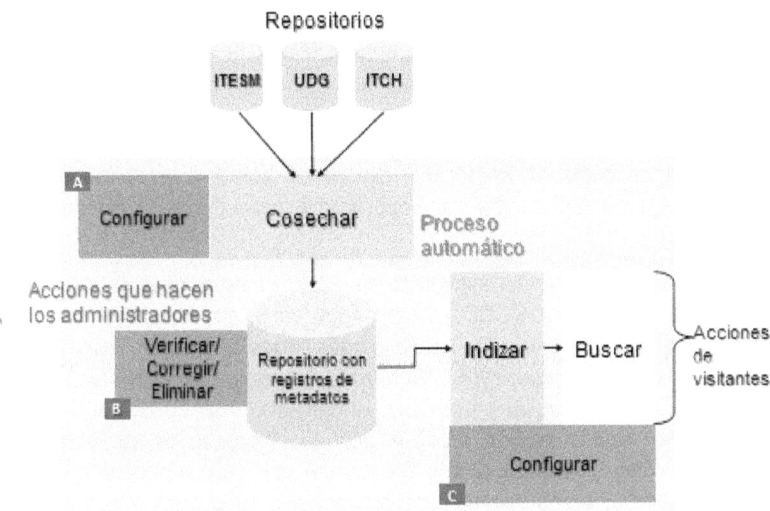

Figura 1.1. Esquema de cómo funciona el "metaconector" (Burgos, 2011).

Por lo tanto, la idea central del proyecto consistió en desarrollar una guía de referencia de uso de objetos de aprendizaje (OA) y recursos educativos abiertos (REA) para la Comunidad Educativa, con el objetivo de coadyuvar esfuerzos con iniciativas que buscan reducir la brecha educativa, enriquecer la práctica educativa y capacitar formadores en la academia con las mejores prácticas de enseñanza. Para lograr este objetivo se buscó realizar un desarrollo informático e implementar un "metaconector" de repositorios con contenido digital de recursos educativos abiertos y de objetos de aprendizaje disponibles en la red y en internet bajo un esquema de licenciamiento "abierto" (CC, 2010; OSI, 2010), que permitiera facilitar el acceso a los REA y OA de un grupo de repositorios educativos y ser aprovechados por los maestros y docentes participantes del estudio, para identificar las mejores prácticas y así crear una metodología didáctica de uso de los mismos.

Marco conceptual

Recursos educativos abiertos (REA)

El desarrollo de software de código abierto, los estándares de licenciamiento flexibles y la creación y provisión de contenidos abiertos para cursos en la educación superior, fueron antecedentes importantes en el surgimiento del movimiento de recursos educativos abiertos, conocidos como REA. Schmidt (2007) menciona que compartir recursos educativos no es totalmente nuevo en el contexto de la educación; lo nuevo es la facilidad con la que, gracias a la tecnología, se pueden generar estos recursos y distribuirse a audiencias masivas a través de internet, además de la seguridad legal que las licencias de contenido abierto, como Creative Commons (CC, 2010; OSI, 2010), proporcionan a los autores y usuarios.

REA es un término acuñado por la UNESCO (2002) que se define por sus siglas como recursos educativos abiertos. Éstos tienen el objetivo de ofrecer de forma pública, gratuita y accesible recursos educativos provistos por medio de las TIC para su consulta, uso y adaptación con fines no comerciales. La fundación William and Flora Hewlett Foundation define los REA como:

> Recursos destinados para la enseñanza, el aprendizaje y la investigación que residen en el dominio público o que han sido liberados bajo un esquema de licenciamiento que protege la propiedad intelectual y permite su uso de forma pública y gratuita, o permite la generación de obras derivadas por otros. Los recursos educativos abiertos se identifican como cursos completos, materiales de cursos, módulos, libros, videos, exámenes, software y cualquier otra herramienta, materiales o técnicas empleadas para dar soporte al acceso de conocimiento (Atkins, Seely y Hammond, 2007, p.4).

En la actualidad existen numerosas iniciativas de REA. El estudio de la Organización para la Cooperación y Desarrollo Económico OECD, *Giving knowledge for free: the emergence of open educational resources,* contabilizó más de 3,000 cursos disponibles de REA en más de 300 universidades de todo el mundo (D´Antoni, 2008). En México, una de estas iniciativas es el repositorio de REA Knowledge Hub, que consiste en un portal público, con una base de contenidos multilingüe que permite al usuario encontrar una selección de REA usando una base de meta datos construida y revisada por expertos. Ramírez y Mortera (2009) mencionan que este repositorio se vio fuertemente enriquecido con recursos abiertos como resultado del proyecto de investigación "Knowledge Hub para la educación básica" (actualmente llamado TEMOA), financiado por la Corporación de Universidades para el Desarrollo de Internet (CUDI) y por el Consejo Nacional de Ciencia y Tecnología (CONACYT), donde seis instituciones de educación superior, junto con 178 profesores de educación básica, participaron en la identificación, indexación y aplicación de recursos educativos abiertos en ambientes de aprendizaje de educación preescolar, primaria y secundaria.

Algunas investigaciones relacionadas con los recursos educativos abiertos han sido aportadas por parte de Rodríguez y Steel (2003), quienes estudiaron un modelo de desarrollo profesional permanente (CPD) para promover la apropiación de los recursos de ICT y el conocimiento de contenido pedagógico en profesores. Larson y Murray (2008) describieron la iniciativa MIT BLOSSOMS, que consistió en el desarrollo de un repositorio gratuito de módulos de vídeo, creados por maestros para promover el aprendizaje combinado, empleando recursos abiertos para el estudio de matemáticas o ciencias. Wilson (2008) realizó un estudio comparativo del uso de los REA en una de las universidades abiertas del Reino Unido y otra del sur de África, a través del Proyecto OpenLearn. Otro estudio relacionado al tema fue realizado por Lee, Lin & Bonk (2007), sobre el Sistema OOPS de conversión de los REA del MIT Open CourseWare al idioma chino. Trotter (2008) investigó sobre la evaluación de educadores al movimiento del contenido abierto.

Para finalizar este apartado de REA, conviene enunciar algunos estudios que se han desprendido del Khub de educación básica (TEMOA), como los presentados por Salazar y Rodríguez (2009) sobre la valoración del ambiente de aprendizaje con tecnología en la educación secundaria, así como los de Ramírez y Mortera (2009), sobre la implementación y desarrollo del portal académico de recursos educativos abiertos (REA). Otro estudio relacionado en esta línea, pero en el ámbito de la educación superior, es el de Ramírez (2010) acerca de la generación de recursos educativos abiertos y móviles para formar investigadores educativos, como un aporte de colaboración interinstitucional.

Objetos de aprendizaje

Un recurso educativo o de aprendizaje puede ser estudiado como un "objeto digital " que provee información y/o conocimiento, esto es, como "una entidad informativa digital desarrollada para la generación de conocimiento, habilidades y actitudes, que tiene sentido en función de las necesidades del sujeto y que corresponde con una realidad concreta" (Ramírez, 2007, pp. 356-357). Desde una perspectiva general, un recurso educativo contiene un tema, una unidad de contenido, un objetivo, así como metadatos (conocidos como descriptores) del recurso educativo, el cual puede ser desarrollado con el soporte de las TIC de forma que se posibilite su reutilización, interoperabilidad, accesibilidad y continuidad en el tiempo.

Los objetos digitales pueden ser recursivos en sí mismos; esto significa que un objeto digital, a su vez, puede componerse de uno o más (sub)objetos digitales. En este sentido, es necesario poder definir la "granularidad" del objeto digital para facilitar su reutilización de forma apropiada. La granularidad define básicamente el alcance o "gránulo" del objeto digital, ya que, desde un enfoque educativo, el alcance puede referirse a la definición de un concepto, un tema, un módulo (un grupo de temas) o inclusive un curso completo (Burgos, 2010).

Repositorios digitales

Los repositorios digitales educativos son espacios en donde están contenidos de manera digital y virtual los recursos educativos existentes en la Web y accesibles vía internet. Estos espacios residen en servidores específicos que, bajo cierto tipo de protocolos informáticos y estándares computacionales, se encuentran accesibles y disponibles para los usuarios de internet. Son espacios especializados donde exclusivamente se encuentran recursos educativos digitalizados, como pueden ser recursos educativos abiertos, objetos de aprendizaje, programas/software y otro tipo aplicaciones; también pueden ser de muy distintos tipos, dependiendo de la naturaleza del área de conocimiento que traten (Mortera, 2010).

De acuerdo con Haddad y Draxler (2002), los repositorios con contenido digital, también reconocidos como *Contentware* en inglés (por la conjunción de dos palabras: *content*, en referencia a contenido y *software*), representan un tema crucial y desafiante para las organizaciones e instituciones de educación, considerando sus implicaciones no sólo económicas, informáticas y/o administrativas, sino en el cambio educativo, al ser implementadas en el aula (presencial o virtual), al reformular nuevas técnicas y estrategias de enseñanza para propiciar un ambiente de aprendizaje idóneo, enriquecido con tecnología.

Con el objetivo de facilitar y provocar la distribución de los objetos de aprendizaje (OA) y recursos educativos abiertos (REA) a manera de "objetos digitales", es fundamental y esencialmente crítico documentar, describir y clasificar correctamente cada objeto digital a través del uso de metadatos, los cuales son datos que a su vez describen a otros datos y que, en su conjunto, son usados para describir y representar un objeto digital en sí mismo. Un conjunto de metadatos puede incluir información descriptiva acerca del contexto, calidad, así como las condiciones y/o características específicas de los datos; su uso más extensivo se presenta en la refinación de consultas en bases de datos a través de buscadores especializados soportados con tecnologías de información, con el fin de optimizar el proceso y evitar filtraciones manuales complementarias por parte del usuario final del objeto digital.

A continuación se presentan los objetivos del proyecto de investigación que dio cabida a la metodología y al desarrollo de la guía de referencia.

Objetivos del proyecto

El primer objetivo fue realizar el ejercicio de un desarrollo informático del tipo "metaconector" de repositorios digitales, que permitiera vincular acervos de recursos educativos abiertos y objetos de aprendizaje disponibles en la red, donde estuvieran estos recursos de manera pública y gratuita, así como con una declaración explícita de licenciamiento de uso, reuso y distribución para México, América Latina y el resto del mundo. Todo esto dentro del campo de la innovación educativa y a través de un trabajo con profesores e investigadores de educación superior, con el fin de apoyar la mejora de los procesos de investigación educativa (tanto presencial como a distancia), así como el desarrollo profesional de la docencia, la formación de investigadores en educación, el uso e implementación de REA y OA y contribuir en la reducción de la brecha digital y al acceso más igualitario de recursos educativos.

Las instituciones participantes buscaron compartir recursos educativos y objetos de aprendizaje a través del pilotaje de un "metaconector" de repositorios con contenido digital de recursos educativos abiertos y objetos de aprendizaje con licenciamiento abierto.

Este objetivo tuvo como producto el sitio web del "metaconector", que, por razones de espacio y por la naturaleza del capítulo, no nos detendremos a abordar con más detenimiento, ya que otros capítulos del libro hablarán del mismo. La dirección del sitio web del metaconector es: http://www.educonector.info/

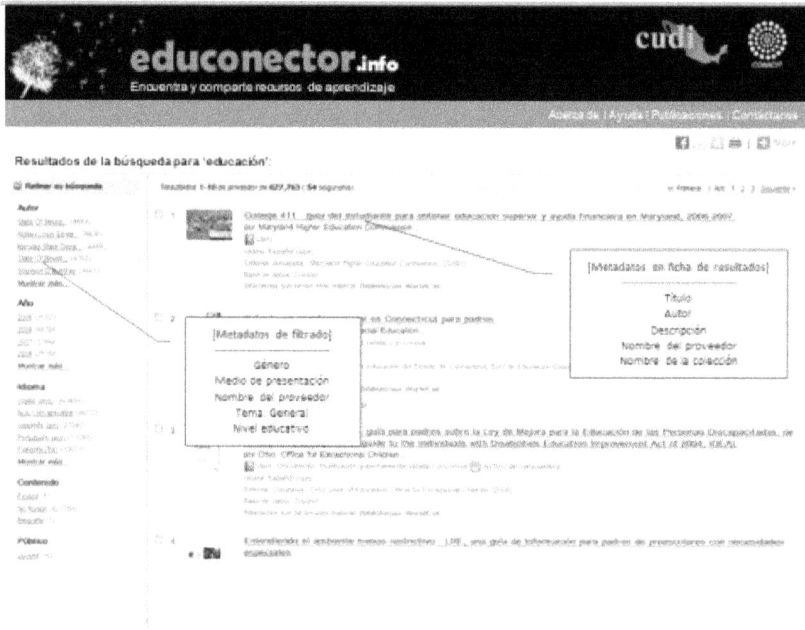

Figura 1.2. Sitio del metaconector "educonector.info".

El segundo objetivo fue documentar, describir y analizar los procesos de uso e implementación de objetos de aprendizaje (OA) y recursos educativos abiertos (REA) que permitieran generar una guía de referencia de aprovechamiento de los mismos en actividades académicas; esto es, una "metodología de incorporación de recursos de internet en ambientes enriquecidos con tecnología". Este objetivo y sus resultados (productos) serán abordados con mayor detalle en el presente capítulo.

Por lo tanto, estos dos objetivos tuvieron el fin de: a) recopilar los hallazgos de la implementación del proyecto; b) realizar estudios y difusión del conocimiento por medio de revistas y/o ponencias en congresos especializados, con miras a fortalecer las prácticas educativas; c) fomentar las habilidades digitales entre los docentes de los diferentes niveles educativos; y d) reducir la brecha digital, al permitir la difusión de materiales educativos significativos.

Metodología y guía de referencia

La metodología y guía de referencia para el uso de recursos educativos abiertos (REA) y objetos de aprendizaje (OA) fue producto de las actividades realizadas en el proyecto "Metaconector de repositorios educativos para potenciar el uso de objetos de aprendizaje y recursos educativos abiertos: mejores prácticas" financiado por CUDI-CONACYT y ejecutado por investigadores del Instituto Tecnológico de Monterrey (ITESM), Universidad de Montemorelos (UM), Universidad de Guadalajara (UDG), Instituto Tecnológico de Chihuahua (ITCH) y Universidad Autónoma de Guadalajara (UAG) durante los años 2010-2011.

Su elaboración está basada en los aportes de 241 docentes de diferentes niveles educativos, quienes compartieron sus experiencias prácticas en el uso e implementación de estos recursos en sus salones de clase y sin cuyo valioso e importante aporte no hubiera sido posible realizarla.

La idea de la guía surgió debido a que un grupo de investigadores de diferentes universidades han incursionado en este tema durante los pasados años, con el propósito de identificar mejores prácticas de uso e implementación de objetos de aprendizaje (OA) y recursos educativos abiertos (REA) en ambientes de aprendizaje en el aula.

La Metodología y guía de referencia fue parte de un esfuerzo institucional latinoamericano, en este caso mexicano (ITESM, UM, UDAG, ITCH) y de un proyecto específico de diversas instituciones de educación superior de este país, en cuanto a la manera en la que se implementan y utilizan los recursos educativos abiertos (REA) y objetos de aprendizaje (OA) a través de un metaconector que permite cosechar y obtener información rápida y segura de recursos educativos digitalizados existentes en la WWW e internet.

Participantes

La guía de referencia fue elaborada con base en la contribución de 241 docentes, principalmente mujeres (71%), en su mayoría de la república mexicana (90%) y teniendo representantes de 31 estados, sobre todo del estado de México (22%), Morelos (9%) y Nuevo León (8%). El 30% de los docentes cuenta con estudios de maestría y trabaja esencialmente en escuelas públicas (66%). La mayoría (82%) fueron estudiantes del curso "Proyectos de Tecnología Educativa utilizando Estrategias Constructivistas de Enseñanza-Aprendizaje" ofrecido por la EGE del ITESM, durante el período escolar enero-mayo 2011. Indicaron que los contenidos de enseñanza más comunes son el español (17%) y las matemáticas (18%), especialmente del nivel básico (53%) y preparatoria (24%).

La información se obtuvo de las respuestas de los docentes a las siguientes preguntas abiertas:

1. ¿Cuáles son los éxitos que ha tenido en la búsqueda de REA y OA?
2. ¿Cuáles son las dificultades que ha tenido en la búsqueda de REA y OA?
3. Describa los pasos que sigue regularmente para buscar REA y OA (liste los pasos colocando números, por favor).
4. ¿Qué criterios utiliza para seleccionar REA y OA?

5. ¿Cuál considera que ha sido la mejor práctica (integración) con REA y OA? (describa y justifique).
6. La mayor ventaja (beneficio) que encuentra al integrar REA y OA en un ambiente de aprendizaje.
7. La mayor desventaja (dificultad) que encuentra al integrar REA y OA en un ambiente de aprendizaje.
8. ¿Qué cambios implica la integración de REA y OA en el ambiente de aprendizaje?
9. ¿Qué sugerencias puede compartir para mejorar el uso de REA y OA en el ambiente de aprendizaje?
10. Si tuviera la opción de usar o no usar REA y OA en su clase, ¿qué elegiría y por qué?
11. Si desea expresar su opinión sobre algún otro aspecto relacionado con el uso de los REA, utilice el siguiente espacio.
12. Si desea expresar su opinión sobre algún otro aspecto relacionado con el uso de los OA, utilice el siguiente espacio.

La iniciativa de crear esta guía metodológica de incorporación de recursos de internet en ambientes educativos enriquecidos con tecnología, surgió del reto de identificar mejores prácticas de uso, al contar con una metodología que sirviera de base y referencia para la Comunidad Educativa en el aprovechamiento de objetos de aprendizaje (OA) y recursos educativos abiertos (REA), que faciliten materiales instruccionales digitalizados y de contenido para apoyar la enseñanza y la instrucción de profesores de diversos niveles educativos, principalmente de educación media y superior.

Para poder desarrollarla, inicialmente se realizaron una serie de actividades con profesores de varios niveles de enseñanza para conocer su percepción y práctica en relación al uso e implementación de los recursos educativos abiertos y objetos de aprendizaje en sus salones de clase, así como el uso de repositorios digitales para ubicar dichos recursos tecnológicos. Las actividades realizadas para detectar el uso de los REA y OA consistieron en observaciones y entrevistas a través del trabajo de campo efectuado por los investigadores del proyecto (visitas constantes a las instituciones y salones), así como la aplicación de tres cuestionarios en línea para conocer su percepción y uso (1. Cuestionario de participantes, 2. Cuestionario de uso y 3. Cuestionario sobre la aplicación del "metaconector").

En un segundo momento se documentaron, describieron y analizaron los procesos de uso e implementación de estos REA y OA por parte de docentes, durante la realización de sus cursos o sesiones de clase, así como la metodología de búsqueda e implementación, permitiendo con ello identificar las mejores prácticas educativas de su aprovechamiento.

El producto final fue la creación de una guía de referencia que se divide en cuatro secciones, que señalan los aspectos más relevantes a considerar en su ejecución:

- ☐ Sección I. *Introducción. Describe y comenta los conceptos y categorías más importantes manejadas en esta guía.*
- ☐ Sección II. *Metodología de uso e implementación*
    - Planificación del uso del recurso
    - Aplicación que el profesorado hace del recurso
    - Evaluación del uso del recurso
- ☐ Sección III. *Recomendaciones*
- ☐ Sección IV. *Ejemplos de incorporación de recursos educativos en el aula de clases.*

Resultados de la encuesta sobre uso de los REA y OA

La encuesta fue aplicada a 241 docentes (usuarios de recursos educativos abiertos, quienes fueron participantes en la investigación). En su mayoría conciben los recursos educativos abiertos (REA) como un recurso con (63%) y sin licenciamiento (36%) que puede ser usado libremente en educación.

Figura 1.3. Cómo conciben los docentes a los REA en cuanto a su licenciamiento.

Por otro lado, los objetos de aprendizaje (OA) son identificados como un conjunto de actividades y temas educativos en formato digital (90%). Predomina el uso de REA y OA en formato de texto (87%), seguidos por los de video (76%), donde el 72% de los docentes dicen hacer búsquedas semanales o quincenales de los mismos, apoyados en buscadores como Google (92%).

Figura 1.4. Uso de formato de REA y OA más común entre los docentes investigados.

Los docentes acostumbran utilizar los REA y OA durante el desarrollo de la clase (84%), más que al inicio (45%), al final (41%) o como medio de evaluación (34%). Esto les lleva a utilizarlos como recurso didáctico (72%) y de reforzamiento (63%), principalmente; sin embargo, también es común que los utilicen como recurso motivacional (52%) y como apoyo de contenido complementario a sus cursos (42%). En menor frecuencia son utilizados como recursos para el análisis (27%) o como contenido fundamental (18%).

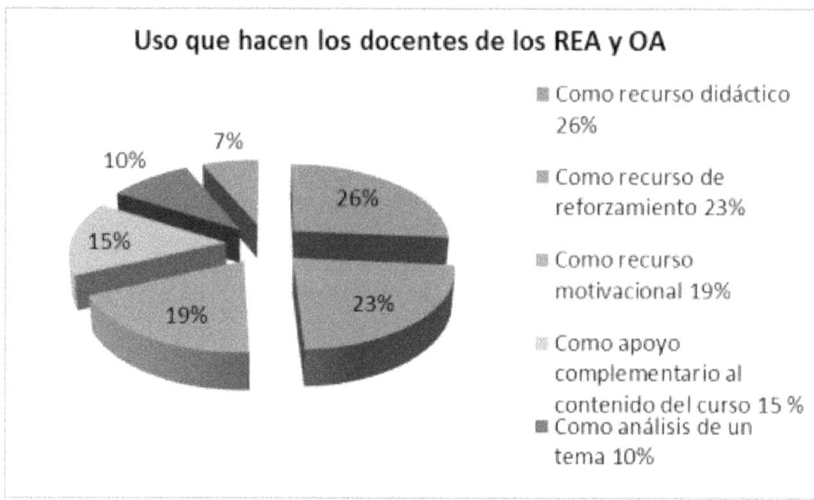

Figura 1.5. Uso que hacen los docentes investigados de los REA y OA.

Como parte del estudio se valoraron las opiniones docentes con respecto a la búsqueda, implementación y beneficios por el uso de REA y OA en el proceso enseñanza aprendizaje. Para ello se construyó una escala Likert con 15 declaraciones, que fueron valoradas según se estuviese completamente en desacuerdo (1), en desacuerdo (2), ni en desacuerdo ni de acuerdo (3), de acuerdo (4) o completamente de acuerdo (5).

Las declaraciones conformaron tres grupos según el análisis factorial exploratorio de componentes principales (KMO = .824, Chi2 (105) = 959.648, p = .000) con rotación varimax. En la tabla 1.1 se muestran los factores, así como las cargas factoriales de cada declaración. Se presentan también las varianzas explicadas por cada factor, así como la confiabilidad de cada uno de ellos.

Tabla 1.1

Distribución factorial de las quince declaraciones.

Declaración	Ben	Imp	Bus	M(DE)
Con el uso de los REA y OA se facilita la comprensión	**.777**		.239	4.5(.73)
Los REA y OA propician un proceso de enseñanza más flexible	**.775**	.108	.161	4.5(.70)
Los REA y OA facilitan la labor docente	**.705**		.262	4.5(.80)
El uso de REA y OA permite atender los estilos de aprendizaje	**.693**		.239	4.3(.80)
El uso de REA y OA exige más habilidades de reflexión	**.612**	.356		4.0(.93)
El uso de REA y OA desvía la clase del tema central	**-.561**	.422	.394	1.7(.98)
El uso de REA y OA permite tener un mayor control del curso	**.560**	.121	.267	3.8(.93)
El uso de REA y OA exige mayor dominio del contenido al docente	**.541**	.412	.102	4.1(1.0)
La mayoría de los REA y OA necesitan cambios para adecuarlos		**.764**	-.205	3.1(1.1)
Para integrar REA y OA se requiere más tiempo de clase		**.681**		3.2(1.2)
El uso de los REA y OA requiere una planeación detallada	.325	**.582**		4.3(.99)
Los mejores REA y OA son los que el docente crea para su curso		**.488**		3.4(1.1)
Encontré REA y OA listos para usar en clase	.210		**.762**	4.0(.90)
Es fácil localizar REA y OA que cumplan mis criterios de selección	.241		**.760**	3.8(.89)
Promuevo en mis estudiantes la búsqueda y uso de REA y OA	.190		**.591**	3.7(1.1)
Varianza explicada	24.9	14.2	13.4	
Confiabilidad	.804	.559	.632	

Nota: Se muestran sólo las cargas factoriales mayores a 0.1. Ben = beneficios, Imp = implementación y Bus = búsqueda.

El factor de beneficios se compone de ocho declaraciones, dominando las relacionadas con el apoyo de los REA y OA en la comprensión y la flexibilidad. También se percibe una carga negativa relacionada con el desvío que pudiesen generar a la clase, indicando que, a mayor beneficio percibido, menor daño produce en la clase en cuanto a desviar la atención de las ideas centrales (esta declaración fue recodificada al calcular el factor). La declaración de menor carga en este factor comparte también una carga importante (.412) con el segundo factor. Esto muestra que los docentes perciben un poco más como beneficio que como problema en la implementación, la exigencia del docente sobre un mayor dominio de los contenidos que enseña al utilizar los REA y OA. Es interesante observar que en este factor es en el que se hicieron las valoraciones más altas de las declaraciones. De hecho, tres de ellas alcanzan el nivel de completamente de acuerdo ($M >= 4.5$) y el resto caen en el segundo nivel ($3.5 <= M < 4.5$); están de acuerdo con las afirmaciones.

El segundo factor incluye cuatro declaraciones que valoran elementos básicos de la implementación: adecuación al contenido, tiempo, planeación y creación. Los docentes manifestaron en su mayoría no estar en desacuerdo ni de acuerdo con estas declaraciones ($2.5 <= M < 3.5$); sólo están de acuerdo con una de ellas.

El tercer y último factor incluye tres declaraciones que indican aspectos de la búsqueda y localización de REA y OA: la disponibilidad inmediata, la localización con criterios personales y la promoción entre los estudiantes. Los docentes manifiestan estar de acuerdo con estas tres declaraciones.

Se calculó el promedio de las declaraciones de cada factor para determinar las valoraciones hechas por los docentes. En la tabla 1.2 se presentan los descriptivos para cada uno de ellos. El único factor que presenta un comportamiento normal (figura 1.6) es el de implementación, ya que su asimetría y curtosis están cercanas a cero (distancia menor a .3). También se puede ver que el aspecto mejor valorado fue el de los beneficios, seguido por la búsqueda y localización, y, por último, la implementación. Inclusive, según la prueba t de Student para muestras pareadas, se observa diferencia significativa entre los tres (ver tabla 1.3 y figura 1.7).

Respecto a la relación entre los factores, la única relación importante es la que se da entre los beneficios y la búsqueda ($r = .402$, $p =.000$). Es decir, una explica a la otra en un 16% de su variabilidad, indicando que, a mayor acuerdo con las declaraciones de la búsqueda, mayor acuerdo con las declaraciones de beneficios. En otras palabras, se puede decir que los beneficios de los REA y OA son mejor percibidos por quienes han tenido éxito en la búsqueda y localización.

Tabla 1.2

Descriptivos de los factores.

Factor	M	DS	Asimetría	Curtosis
Beneficios	4.26	.544	-1.897	7.936
Búsqueda	3.85	.727	-.807	.969
Implementación	3.49	.728	-.298	.204

Tabla 1.3

Relaciones y diferencias entre los factores.

	Beneficios	Búsqueda
Búsqueda	$r = .402$, $p = .000$ $t(226) = 8.677$, $p = .000$	-

Implementación	r = .157, p = .018 t(225) = 13.652, p = .000	r = -.022, p = .732 t(236) = 5.299, p = .000

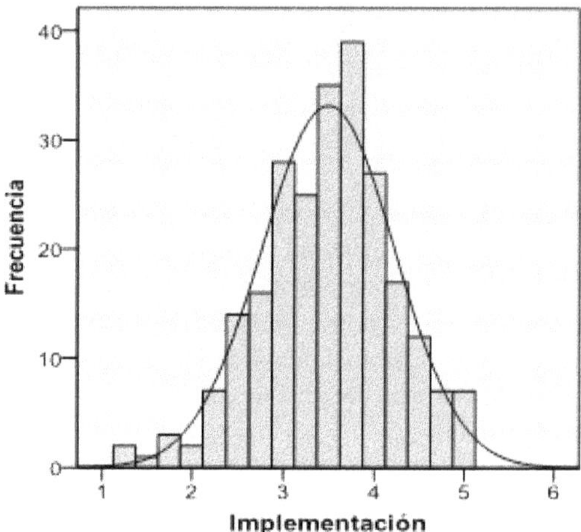

Figura 1.6. Histograma con curva normal de la Implementación.

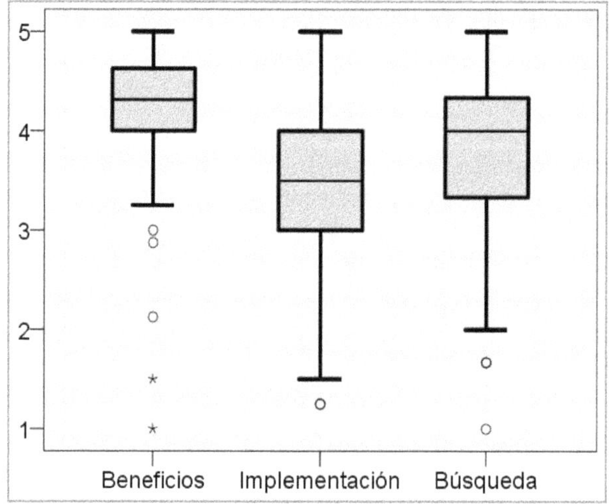

Figura 1.7. Diagrama de caja y bigotes para los factores.

Reflexiones sobre la comunidad de práctica para la construcción de la guía de referencia

Como resultado del trabajo colaborativo que se ha venido desarrollando entre las instituciones de educación superior que participaron en este proyecto, los investigadores de dos instituciones educativas (ITESM y UM) involucrados en el proyecto, se plantearon la iniciativa de documentar la experiencia de los docentes participantes en el desarrollo de las actividades relacionadas con el uso e implementación de los OA y REA en los ambientes de aprendizaje áulicos.

Los investigadores inicialmente adquirieron el compromiso de realizar el trabajo en equipo, planteándose objetivos claros entre sus integrantes, donde existió un trabajo colaborativo, responsable y dinámico, para poder alcanzar los objetivos planteados y facilitar el trabajo a desarrollar, lográndose una alta motivación y participación activa por parte de los investigadores.

La primera reunión de trabajo se llevó a cabo de manera presencial y allí se plantearon los objetivos que regirían la elaboración de la guía, los plazos estipulados para la entrega y las partes que la constituirían, las cuales fueron distribuidas entre los diferentes investigadores. El líder del proyecto se encargó de organizar el trabajo y asegurar la participación, además de dirigir y orientar las actividades, prevaleciendo una buena comunicación y participación efectiva entre los integrantes del grupo.

Tras esto, la comunicación e intercambio del trabajo se realizó virtualmente, hasta que el contenido de la guía fue elaborado, analizado y revisado. El contenido estuvo basado en la revisión de la literatura especializada más actual sobre el tema de recursos educativos abiertos, así como de trabajo de campo en donde se recolectaron datos a través de observación participante por parte de los investigadores y tesistas de doctorado y maestría en las escuelas e instituciones donde laboran los maestros participantes, aunado a entrevistas que se realizaron con los maestros de primaria y secundaria que colaboraron en el estudio. También se aplicó una encuesta entre los docentes participantes del estudio, que arrojó resultados significativos del uso de los REA y su implementación. Posteriormente, la guía fue diseñada en un taller de diseño, quedando disponible para su respectiva publicación.

Finalmente, la guía de referencia para el uso de recursos educativos abiertos (REA) y objetos de aprendizaje (OA), fue editada, publicada y difundida a través de la página web ya mencionada y presentada en la reunión de invierno de CUDI-CONACYT, en Durango, para que los resultados de esta acción conjunta estuvieran disponibles para el público en general.

La guía está disponible de manera gratuita en internet en la siguiente dirección: http://www.slideshare.net/anlusar/guia-de-reas-final-mayo-2012

Figura 1.8. Portada de la guía de referencia para el uso de REA y OA (Mortera, Salazar y Rodríguez, 2011).

Conclusiones

Los recursos educativos abiertos (REA) son materiales de enriquecimiento de los procesos educativos. Los REA, además de considerarse materiales de apoyo que permiten mejorar los procesos educativos, también constituyen un medio para que el profesor pueda desarrollar competencias o manifestaciones de apropiación tecnológica entre sus alumnos y que le permiten trascender en su labor docente, enriqueciendo así el acervo cultural de sus alumnos.

Es necesario trabajar en una cultura de colaboración para la construcción conjunta de logros educativos. El hecho de que cuatro instituciones de educación superior hayan participado en forma conjunta en este proyecto y construcción de una metodología de uso (además del desarrollo del software del "metaconector"), uniendo sus fortalezas, posibilitó el crecimiento y desarrollo exitoso del proyecto en una forma que permitió el logro conjunto hacia la generación de conocimiento.

Unir las fortalezas en el trabajo multidisciplinar es de gran ayuda. El trabajo en este proyecto contó con especialistas de diferentes áreas (pedagogía, psicología, administradores, ingenieros, expertos en tecnologías) que ayudaron a ver los retos del proyecto desde diferentes perspectivas.

Surgen desafíos en el desarrollo de las comunidades de aprendizaje. Como todo proyecto donde interviene un grupo de personas, surgen retos para encaminarse hacia un trabajo conjunto y una construcción de conocimiento en una misma línea. Este proyecto encontró estos desafíos en diferentes áreas: tecnológicas, procedimentales, motivacionales, etc. La mirada hacia un mismo fin es lo que permitió el trabajo en red para seguir aprendiendo juntos y lograr una meta en común: en este caso, la creación de una metodología de uso de recursos educativos abiertos, expresada en dos importantes productos: una guía de uso (de lo que habla este capítulo) (http://issuu.com/licci/docs/guia_final-rea-oa) y el software del metaconector (para consechar datos), llamado Educonector.info (http://www.educonector.info/).

Reconocimientos

Los investigadores agradecemos el apoyo que se nos ha brindado para el desarrollo de este proyecto. En forma especial se agradece el apoyo de la Corporación de Universidades para el Desarrollo de Internet (CUDI) y del Consejo Nacional de Ciencia y Tecnología (CONACYT), por el financiamiento de este proyecto, así como a los compañeros investigadores de las instituciones participantes y a los profesores de educación básica y media superior que han permitido la generación de este conocimiento.

Referencias

Atkins, D. E., Seely Brown, J. and Hammond, A. L. (2007). *A review of the open educational resources (OER) movement: Achievements, challenges, and new opportunities.* Report to the William and Flora Hewlett Foundation. Recuperado de http://www.oerderves.org/wp-content/uploads/2007/03/a-review-of-the-open-educational-resources-oer-movement_final.pdf

Burgos-Aguilar, J. V. (2010). Distribución de conocimiento y acceso libre a la información con recursos educativos abiertos (REA). *Revista Digital La educ@cion, 143.* Recuperado de http://www.educoas.org/portal/laeducacion

CC (2010). *Creative commons licenses.* Recuperado de http://creativecommons.org/

CUDI-CONACYT. (2011). *Proyecto de investigación. Metaconector de repositorios educativos para potenciar el uso de objetos de aprendizaje y recursos educativos abiertos: mejores prácticas.* México: CUDI-CONACYT.

D´Antoni, S. (2008). *Open educational resources: the way forward. Deliberations of an international community of interest.* UNESCO-IEEP. Recuperado de http://oerwiki.iiep-unesco.org/images/4/46/OER_Way_Forward.pdf

Haddad, W. y Draxler, A. (2002). *Technologies for education: potentials, parameters and prospects; challenges and possibilities of ICTs for education, UNESCO and the Academy for Educational Development.*

Hewlett (2010). *OER proposals, education: open educational resources.* The William and Flora Hewlett Foundation. Recuperado de http://www.hewlett.org/programs/education-program/open-educational-resources/oer-proposals

Larson, R. C. y Murray, E. (2008). *The MIT BLOSSOMS initiative: employing a blended learning approach with appropriate technologies to encourage OER usage and creation in developing countries.* COSL Center for Open sustainable learning. Open education 2008: celebrating ten years of open content (september 24-26, 2008).

Lee, M., Lin, M. y Bonk, C. (2007). OOPS, Turning MIT opencourseware into Chinese: an analysis of a community of practice of global translators. *International review of research in open and distance learning, 8*(3).

Mortera, F., Salazar, A. y Rodríguez, J. (2011). *Guía de referencia para el uso de recursos educativos abiertos (REA) y objetos de aprendizaje (OA).* Montemorelos, México: LULU/ CONACYT/ CUDI. Recuperado de http://www.slideshare.net/anlusar/guia-de-reas-final-mayo-2012

OSI. (2010). *Open source licences, open source initiative.* Recuperado de http://www.opensource.org/licenses/alphabetical

Ramírez, M. S. (2007). Administración de objetos de aprendizaje en educación a distancia: experiencia de colaboración interinstitucional. En A. Lozano y V. Burgos (comps.), *Tecnología Educativa: en un modelo educativo centrado en la persona.* México: Limusa.

Ramírez, M. S. (2010, junio). *Generando recursos educativos abiertos y móviles para formar investigadores educativos: una colaboración interinstitucional.* Ponencia presentada en el XI Encuentro Internacional Virtual Educa, Santo Domingo, República Dominicana.

Ramírez, M. S. y Mortera, F. J. (2009). *Implementación y desarrollo del portal académico de recursos educativos abiertos (REAs): Knowledge Hub para educación básica.* Memorias del IV Congreso Nacional de Posgrados en Educación. Guanajuato, México.

Rodríguez, S. y Steel, M. (2003). Developing science and ICT pedagogical content knowledge: A model of continuing professional development. *Innovations in Education and Teaching International, 40*(4), 386-394.

Salazar, A. L. y Rodríguez, J. (2009). *Valoración del ambiente de aprendizaje con tecnología en la educación secundaria.* Memorias del IV Congreso Nacional de Posgrados en Educación. Guanajuato, México.

Wilson, T. (2008). New ways of mediating learning: Investigating the implications of adopting open educational resources for tertiary education at an institution in the United Kingdom as compared to one in South Africa. *International review of research in open and distance learning, 9*(1), 1-19.

UNESCO (2010). *UNESCO OER community.* Recuperado de http://oerwiki.iiep-unesco.org

REGRESAR AL ÍNDICE

Caracterizando recursos educativos abiertos (REA) y objetos de aprendizaje (OA) que fomentan un aprendizaje activo en los alumnos de primaria

Leonardo David Glasserman Morales
Tecnológico de Monterrey (ITESM)
glasserman@gmail.com

Fernando Jorge Mortera Gutiérrez
Tecnológico de Monterrey (ITESM)
fmortera@tecvirtual.mx

María Soledad Ramírez Montoya
Tecnológico de Monterrey (ITESM)
solramirez@tecvirtual.mx

Este capítulo presenta un estudio para recopilar datos sobre la exposición y uso de recursos educativos abiertos (REA) y objetos de aprendizaje (OA) en el desarrollo de aprendizaje activo en alumnos de nivel primaria. Los REA y OA estuvieron ubicados en tres repositorios y un catálogo indexado de REA supervisados por tres instituciones de educación superior en el país. El contexto se desarrolló en tres grupos de una escuela primaria del sector público ubicada en la zona metropolitana de Monterrey, Nuevo León, México. La metodología que se seleccionó fue de corte cualitativo y se hizo uso de un estudio de casos para describir los fenómenos identificados en torno a la experiencia de uso de los REA y OA y sus implicaciones en el aprendizaje activo. Los resultados dan cuenta que en los tres casos analizados los recursos digitales contribuyeron hacia un aprendizaje colaborativo por lo que se cumplió la premisa de un aprendizaje activo.
Palabras clave: aprendizaje activo, prácticas educativas abiertas, recursos educativos abiertos, objetos de aprendizaje.

Characterizing open educational resources (OER) and learning objects (LO) that promote active learning in-K-12 students

This chapter presents a study to collect data on exposure and use of open educational resources (OER) and learning objects (LO) in the development of active learning in K-12 students. The resources were addressed in three online repositories and one indexed catalogue of OER reviewed by three higher education institutions in Mexico. The study took place in three groups of a public elementary institution located in Monterrey metropolitan area. Qualitative research was carried out in the study, and a case study was used to describe the phenomena identified among the uses of OER and LO towards the active learning process. The results show that the digital resources among the three cases contributed towards a collaborative learning so the active learning premise was achieved.
Keywords: active learning, open educational practices, open educational resources, learning objects.

"Los niños deben ser educados no para el presente,
sino para una condición futura, posiblemente mejorada,
de manera que se adapte a la idea de humanidad y al destino de hombre."
(Immanuel Kant, 1724 – 1804)

Introducción

El presente documento plasma las ideas que derivan de un macro estudio tras el desarrollo de un proyecto de investigación financiado por la Corporación de Universidades para el Desarrollo de Internet (CUDI) y el Consejo Nacional de Ciencia y Tecnología (CONACYT), bajo el nombre de "Metaconector de repositorios educativos para potenciar el uso de objetos de aprendizaje y recursos educativos abiertos: mejores prácticas". En el proyecto participan instituciones de educación superior de alto reconocimiento en México, como el Instituto Tecnológico y de Estudios Superiores de Monterrey (ITESM), la Universidad de Montemorelos (UM), la Universidad de Guadalajara (UdG) así como el Instituto Tecnológico de Chihuahua (ITCH).

El objetivo del estudio fue conocer la experiencia en cuanto al uso de recursos educativos abiertos (REA) y objetos de aprendizaje (OA) y su relación con el aprendizaje activo por parte de alumnos en tres grados escolares (1°, 5° y 6°) de educación primaria de la zona metropolitana de Monterrey. Lo anterior se logró a través de observación participante, uso de instrumentos como cuestionarios y entrevistas a docentes. En el documento se incluye un acercamiento a los hechos y acontecimientos que anteceden al proyecto. Posteriormente, se presenta una revisión de literatura sobre el tema de aprendizaje activo, instrucción y aprendizaje con REA, OA y repositorios. De igual forma, se incluye un apartado donde se mencionan las investigaciones relacionadas con el tema. Así mismo, se presenta el apartado con la metodología utilizada, el análisis y discusión de resultados así como las conclusiones que dan respuesta a la pregunta de investigación.

Marco contextual y naturaleza de la investigación

En México, existen instituciones cuyo interés es fomentar el avance en el área de la investigación y la ciencia, como el Consejo Nacional de Ciencia y Tecnología (CONACYT). De igual forma, existen órganos enfocados en agrupar y reunir el capital humano e intelectual para la generación de conocimiento en diferentes áreas de importancia, el área educativa es una de ellas. Así, se encuentra en México la Corporación de Universidades para el Desarrollo de Internet A. C. (CUDI), quién apoya con financiamiento a proyectos que hagan uso de las redes avanzadas para realizar investigación en diferentes áreas que conforman a la corporación.

Fue así como se aprobó un proyecto financiado por ambas instituciones, CUDI y CONACYT, en su edición 2010 para ejecutarse durante el 2011, con el objetivo principal de analizar y conocer un primer acercamiento hacia los REA y OA contenidos en distintos repositorios, tanto por parte de los docentes en su práctica docente así como de los alumnos en sus procesos de aprendizaje. La idea consistió en recopilar datos de investigaciones sobre cómo se perciben, se utilizan y se incorporan los REA y OA a las prácticas educativas de diferentes grados, con la intención de desarrollar una guía de usuario que sirviera para complementar el otro gran producto esperado en el macroproyecto, el diseño de un metaconector conocido como Educonector.

Los objetivos específicos que se desprenden de este estudio están en función de conocer el uso que se les da a los REA y OA para propiciar el aprendizaje activo en grados escolares clave, como el primero, quinto y sexto grado. Se procuró fomentar la apropiación tecnológica en docentes para que posteriormente ellos instruyan a sus alumnos en cuanto al uso y navegación de repositorios y catálogos de REA indexados.

La UNESCO (2002) define a los REA como materiales en formato digital que se ofrecen de manera gratuita y abierta para educadores, estudiantes y autodidactas para su uso y re-uso en la enseñanza, el aprendizaje y la investigación. De acuerdo con Atkins, Brown y Hammond (2007) los REA son recursos destinados para la enseñanza, el aprendizaje y la investigación que residen en el dominio público o que han sido liberados bajo un esquema de licenciamiento que protege la propiedad intelectual y permite su uso de forma pública y gratuita o permite la generación de obras derivadas por otros. Los REA se identifican como cursos completos, materiales de cursos, módulos, libros, video, exámenes, software y cualquier otra herramienta, materiales o técnicas empleadas para dar soporte al acceso de conocimiento. Por su parte, Wiley (2000) indica que la idea fundamental de un Objeto de Aprendizaje (OA) es la de construir componentes curriculares para ser reutilizados varias veces en diferentes ambientes y contextos de aprendizaje. Así se identifica que los REA y OA poseen características como pertenecer a una naturaleza digital, ser reutilizables, breves y sintetizados, las cuales influyen en el logro de un aprendizaje activo

El estudio estuvo delimitado dentro de los tres grupos participantes y en los tres repositorios (DAR, CREA, laboratorio mlearning) y el catálogo de recursos indexados (TEMOA) que se utilizaron. Se contó con un plan de trabajo para el desarrollo del macro-proyecto y para efectos de este estudio se contemplaron dos fases: la primera respecto a visitas para el apoyo en la identificación de recursos y observación de usuarios y una segunda etapa para el análisis de datos y la generación del reporte de investigación.

En relación a las limitaciones del estudio destaca el hecho que se trabajó en una sola institución educativa delimitada por sus propios horarios escolares y programación de actividades. El tiempo también fue un factor clave, ya que en la currícula de los grados de primaria se contemplan períodos destinados a evaluaciones como la prueba ENLACE, períodos vacacionales, capacitación docente, entre otros.

Planteamiento del problema

Una vez que se revisaron los apartados anteriores, se desprende la pregunta de investigación de estudio: ¿Cuáles fueron las características identificadas de los REA y OA para fomentar un aprendizaje activo en los alumnos de primaria?

Para el análisis del estudio se identificaron dos constructos: el aprendizaje activo y los recursos educativos abiertos, objetos de aprendizaje y repositorios. El objetivo del estudio fue recopilar datos de investigaciones sobre cómo se perciben, se utilizan y se incorporan los REA y OA a las prácticas educativas de diferentes grados de nivel primaria, desarrollar una Guía de Usuario, así como conocer el uso que se les da a los REA y OA para propiciar el aprendizaje activo en grados escolares clave.

Marco conceptual

Aprendizaje activo

El aprendizaje activo, de acuerdo con Szczerbacki, Duserick, Rummel, Howard y Viggiani (2000), se basa en la teoría de que el aprendizaje es dinámico y de construcción social. De acuerdo con Schweitzer, Gibon y Collins (2009), el aprendizaje activo se popularizó a principios de los años noventa como una técnica que buscaba integrar a los alumnos en los procesos de aprendizaje en las aulas. Wu (2002) reconoce al aprendizaje activo como un proceso o actividad impulsada por la motivación intrínseca como metas de aprendizaje, contenido de aprendizaje, plan de aprendizaje y programa de aprendizaje, donde los alumnos pueden tener control efectivo de sus actividades y progreso de aprendizaje a través del auto-monitoreo, auto-realimentación y auto-regulación. Por tanto, se entiende que el crecimiento del conocimiento ocurre cuando un punto de vista es enfrentado en un ambiente donde se liga la teoría, la acción y la reflexión. De acuerdo con Brown y Palincsar (1985) el aprendizaje recíproco se refiere a una técnica instruccional donde el docente y el estudiante toman turnos en relación a las estrategias sobre cómo estudiar cierto material. Ahora bien, el aprendizaje colaborativo, según Prince (2004), se refiere a cualquier método instruccional en donde los estudiantes trabajan juntos en grupos pequeños hacia una meta en común. Es el mismo Prince (2004) quien indica que el aprendizaje cooperativo se presenta como una forma estructurada de trabajo en equipo, donde los estudiantes comparten metas comunes pero son asesorados de forma individual. Por lo tanto, el aprendizaje activo se refiere a una estrategia de enseñanza-aprendizaje donde convergen elementos del aprendizaje colaborativo, aprendizaje cooperativo y aprendizaje recíproco, caracterizada por propiciar la construcción social del conocimiento y en donde el alumno desarrolla su propio monitoreo, evaluación y regulación de aprendizaje. Esta convergencia se puede lograr con el uso de REA y OA, los cuales se describen a continuación.

Recursos educativos abiertos (REA)

Es D'Antoni (2008) quien indica que un gran número de iniciativas ha motivado la aparición de movimientos de recursos educativos abiertos (REA), los cuales buscan incrementar el acceso al conocimiento y oportunidades educativas en todo el mundo a través de compartir contenido educativo.

Para efectos de los nuevos modelos y estrategias de enseñanza, los REA, en palabras de Ávila (2008), deben conducir a establecer alianzas institucionales para aprovechar las similitudes culturales y de enfoques y *de igual forma* para incorporar elementos que reduzcan las diferencias, ampliar las perspectivas e introducir innovaciones que nos permitan potenciar los resultados e intentar aplicaciones educativas de la tecnología. Ahora bien, de acuerdo con la OPAL (2011), las Prácticas Educativas Abiertas (PEA) se refieren a un conjunto de actividades en torno al diseño instruccional y su aplicación en actividades enfocados al desarrollo de aprendizaje a través de REA. Para ello, se espera la creación, uso y re-uso de REA y la adaptación del mismo en un contexto específico. Además de los REA, existen otro tipo de recursos conocidos como objetos de aprendizaje (OA), que, de acuerdo con Cechinel, Rebollo y Sánchez-Alonso (2012), son recursos digitales que han ganado gran atención en los últimos años y son considerados por muchos la piedra angular para el éxito de la implantación de iniciativas de aprendizaje electrónico en todo el mundo. A continuación se presenta su definición.

Objetos de aprendizaje

De acuerdo con Enríquez (2004), el término se refiere a los recursos digitales que apoyan la educación y pueden reutilizarse constantemente indicando las características de una mínima estructura como el objetivo, la actividad de aprendizaje y el sistema de evaluación. Por tanto, al considerar un OA, tres aspectos deben estar presentes: debe tratarse de un recurso digital, con la posibilidad de ser reutilizado para construir aprendizaje a través de pruebas iniciales, contener actividades de reforzamiento y de evaluación final. Estos recursos requieren ser almacenados en repositorios o colecciones particulares para lograr su almacenamiento, búsqueda, uso, reuso y diseminación. A continuación se presenta el tema de los repositorios para REA y OA.

Repositorios de los recursos educativos abiertos y objetos de aprendizaje

De acuerdo con Heery y Anderson (2005) un repositorio es un proveedor de datos; se puede definir de forma genérica como un lugar central donde se registran datos para su almacenamiento y conservación con propósitos diversos de seguridad o consulta posterior. Mortera (2011) indica algunos ejemplos de repositorios, como el Centro de Recursos para la Enseñanza y el Aprendizaje (CREA) desarrollado por la Universidad de Guadalajara y el cual está orientado al fortalecimiento del proceso de enseñanza –aprendizaje y a la formación integral de los estudiantes de nivel superior y medio superior mediante el almacenamiento de objetos de aprendizaje (OA).

El programa DAR (Desarrolla, Aprende y Reutiliza) es una iniciativa del Tecnológico de Monterrey que aborda los desafíos inherentes de la formación de investigadores educativos. Busca apoyar la enseñanza e investigación mediante la creación de acceso a una colección creciente de acceso abierto de recursos y materiales digitales producidos y desarrollados por la comunidad académica. Así mismo, el Laboratorio M-Learning del Instituto Tecnológico de Chihuahua explora la aplicación y uso de dispositivos móviles en el ámbito educativo con especial énfasis en el uso de secuencias de aprendizaje y desarrollo de podcasts multimedia con narrativas digitales para evidenciar el aprendizaje y competencias.

Existen otras sitios que no precisamente son repositorios, sino catálogos que indexan recursos de otros sitios, tal como el caso de TEMOA (2011), el cual es un distribuidor de conocimiento que facilita un catálogo público y multilingüe de colecciones de REA que busca apoyar a la comunidad educativa a encontrar aquellos recursos y materiales que satisfagan sus necesidades de enseñanza y aprendizaje, a través de un sistema colaborativo de búsqueda especializado y herramientas sociales.

Investigaciones relacionadas

Algunas investigaciones relacionadas se enuncian a continuación. Celaya, Lozano y Ramírez (2009) describieron el proceso de apropiación tecnológica en profesores que incorporan recursos educativos abiertos en educación media superior. Ramírez y Burgos (2010) presentaron una compilación de casos de estudio utilizando recursos educativos abiertos, en su libro también de formato abierto. En tanto, Glasserman (2012) presenta una propuesta para documentar las experiencias de una práctica pedagógica que se apoya en REA por lo que se denomina Práctica Educativa Abierta (PEA). Por su parte, Valenzuela y Ramírez (2010) investigaron el proceso de adopción de las competencias requeridas por los docentes en la sociedad del conocimiento y desarrollaron objetos de aprendizaje abiertos. Se puede concluir sobre los trabajos que, tanto los REA como OA, son recursos digitales que apoyan el proceso de enseñanza-aprendizaje; sin embargo, no se cuenta con suficiente información de colecciones confiables, como los denominados repositorios, para facilitar la identificación de dichos recursos.

Metodología

Se consideró que el método cualitativo es el que podría dar una comprensión al fenómeno, tal y como lo proponen Giroux y Tremblay (2004), a través del estudio de casos. La investigación basada en el estudio de casos involucra el estudio de un aspecto explorado a través de uno o más casos dentro de un sistema cerrado (Creswell, 2007). Por su parte, Stake (1995) indicó que el estudio de casos no es una metodología, sino una opción de lo que se puede estudiar. De acuerdo con Yin (2003), se recomiendan seis tipos de información para recolectar en un estudio de casos: documentos, registros de archivos, entrevistas, observaciones directas, observación participante y artefactos físicos. Para efectos de este estudio, se propuso una metodología del estudio de casos de corte descriptivo en donde los instrumentos de recolección de datos fue la observación directa y entrevistas cualitativas, donde el principal instrumento de análisis fue el propio investigador.

Muestra

La muestra del presente estudio fue no probabilística, en donde la intención para desarrollar la investigación involucró a cuatro diferentes instituciones de educación primaria en la zona metropolitana de Monterrey (localidades de García y Santa Catarina) del sector público y privado. A través del director de la zona escolar N° 2 del Estado se realizó una sesión para la presentación del proyecto y las instituciones decidieron evaluar si participarían o no en el proyecto. Fue así como la escuela primaria "15 de Mayo" decidió conocer las ventajas del proyecto y aceptó participar con tres grupos de aproximadamente 50 alumnos cada uno. Las demás instituciones educativas decidieron no participar en el proyecto. Para efectos de identificación los casos se catalogaron como: Caso A, Caso B y Caso C.

Validación de datos

Generalmente se suele decir que una investigación se considera valiosa o aceptable si es rigurosa, lo que, entre otras cosas, implica decir que es fiable, válida y generalizable (Sutton y Barry, 1995). Partiendo de estas aseveraciones, la metodología de estudio de casos ha recibido una crítica importante, sobre todo relacionada con el papel del investigador en términos de sesgo. Numagami (1998) fijó algunos criterios que se utilizan comúnmente para establecer la calidad del estudio cualitativo. Estos criterios están representados por la validez de modelo o de constructo, la validez interna, la validez externa, la fiabilidad y la triangulación (Yin, 2003), mismos que se utilizarán para validar la presente investigación.

Unidad de análisis

De acuerdo con Spirer (1980), para definir la unidad de análisis el investigador debe identificar lo siguiente: a) descripción de los límites de la investigación; b) preguntas que se realizarán; c) posibles unidades de análisis; d) unidad de análisis más óptima; e) justificación de elección de unidad; f) preguntarse si la unidad elegida brindará la información necesaria. De acuerdo con lo anterior, las unidades de análisis corresponden a los alumnos que participaron en el proyecto y de quienes se desea conocer cómo repercutió en el aprendizaje activo el uso de REA y OA.

Análisis de resultados

Caso A: Grupo 6° grado

Se identificó que los REA se utilizaron en formato de video para reforzar los temas analizados previamente sobre dos países de Asia: India y China. En la primera presentación del país de India, participaron nueve alumnos (cinco hombres y cuatro mujeres de entre diez y once años), quienes hablaron frente al grupo sobre la bandera del país, la vestimenta, la cultura, religión así como las principales tradiciones. El segundo equipo, formado por nueve alumnos (cinco hombres y cuatro mujeres), presentó el tema de China. Una vez que se presentó el REA en formato de video, los alumnos participaron en una discusión mediante preguntas y respuestas acerca de las principales características que se mostraron de la cultura china.

Caso B: Grupo 5° grado

La profesora del grupo se apoyó en internet para poder presentar el tema de prevenciones al cocinar alimentos. Debido a que realizó una búsqueda en el portal de Temoa, así como en los repositorios de CREA y DAR, la profesora mencionó que los recursos contenían temas muy elevados para el nivel primaria, por lo que no pudo seleccionar un recurso de esas fuentes que se le habían presentado previamente.

El grupo, integrado por 26 alumnos, realizaba anotaciones en sus cuadernos sobre la presentación del tema. Todo el grupo estuvo atento mientras la profesora exponía el tema apoyándose en información del libro de texto así como en un video. El uso del recurso permitió que los alumnos interactuaran con la maestra, algunos alumnos realizaron preguntas y se apoyaron respondiendo entre ellos.

Caso C: Grupo 1er. grado

El grupo estuvo integrado por 26 alumnos. En el aula se contaba con el equipo necesario, como computadora y proyector, para la presentación del REA que la maestra había seleccionado previamente sobre la enseñanza de la lectura de manecillas del reloj y los tipos de reloj que existen. Algunos tipos de relojes que se revisaron fueron el de agua, el de arena, de cera, los relojes mecánicos (de bolsillo, de péndulo, analógico de pared). La profesora presentaba el tipo de reloj y los niños los asociaban de acuerdo con su experiencia. La profesora realizó una actividad con el recurso obtenido de Temoa para identificar diferentes horas en el reloj y asociarlas con la indicación en número de las letras.

Discusión

A continuación se presenta el análisis meta derivado del análisis de los tres casos de estudio.

El uso de recursos digitales fomenta la atención y motivación de los alumnos hacia el aprendizaje activo. De acuerdo con Szczerbacki, Duserick, Rummel, Howard y Viggiani (2000), para que el trabajo de aprendizaje se considere como activo debe ser dinámico y de construcción social. Así, en la primera observación se identificó que el presentar la información a través de un recurso digital captó la atención de los alumnos, por lo que estos interactuaron directamente con la profesora y sus demás compañeros, logrando así el trabajo colaborativo. Por lo tanto, se confirma que cuando se utilizan recursos digitales de apoyo existe una presentación mucho más enriquecida, lo cual repercute en una mayor atención por parte de los alumnos.

Las participaciones se incrementan cuando el contenido es contextualizado a situaciones conocidas por los alumnos. Si se considera la propuesta de Wu (2002), donde cada alumno es responsable de su auto-monitoreo, auto-realimentación y auto-regulación, se entiende que el alumno debe partir de su experiencia para poder autoevaluarse, retroalimentarse y ajustarse a su propios objetivos de aprendizaje. En el estudio se identificó que los REA revisados eran similares al contenido revisado anteriormente en clase y, por tanto, los alumnos estuvieron más participativos. El uso de contenido digital mediante REA y OA fomentó la participación en el aula y el aprendizaje activo a través del trabajo colaborativo.

El uso de recursos como los REA y OA fomentan el trabajo de aprendizaje recíproco en el aula. Con base en la propuesta de Brown y Palincsar (1985), el aprendizaje recíproco se refiere a una técnica instruccional donde el docente y el estudiante toman turnos en relación a las estrategias sobre cómo estudiar cierto material. El REA utilizado permitió una actividad colaborativa en el aula, ya que los alumnos se mostraron interesados en participar en la actividad para conocer las lecturas de las manecillas del reloj, así como para identificar diferentes tipos de relojes. En un momento se formaron dos grupos en la clase, en la que un representante de cada grupo pasaba al frente y mediante un cañón proyectando el REA en una pantalla se realizó la actividad. Aunque el tema era conocido por los alumnos, se incentivó la participación de todos los alumnos.

Conclusiones

Con base en los hallazgos obtenidos de la presente investigación y dando respuesta a la pregunta inicial, se puede decir que las características de los REA y OA utilizados provenían de sitios que no contaban con licencias de autor abiertas, por lo que existe un área de oportunidad para concientizar a los docentes y alumnos sobre la importancia de trabajar con contenido abierto o con licencias abiertas como *Creative Commons*. En los tres casos percibidos, los recursos digitales contribuyeron hacia un aprendizaje colaborativo, por lo que se cumplió la premisa de un aprendizaje activo en cada contexto. Cada recurso retaba a la imaginación y servía para interactuar entre los alumnos: por ejemplo, los videos para presentar temas culturales de China e India; el recurso para complementar el tema de nutrición; o bien, el REA que fomentó la participación en clase sobre el tema de las horas. Como dato adicional percibido se detectó que no en todos los repositorios propuestos se pudieron encontrar los recursos que se requerían. La información presentada abre la puerta a futuras investigaciones en donde se contemplen más instituciones, en otros contextos o en otros niveles escolares.

Reconocimientos

Este artículo de investigación forma parte de un proyecto de investigación financiado por la Corporación de Universidades para el Desarrollo de Internet (CUDI) y el Consejo Nacional de Ciencia y Tecnología (CONACYT). Los investigadores agradecemos el apoyo brindado para el desarrollo de esta investigación. De igual forma, se agradece el apoyo de los alumnos, docentes y personal directivo de la escuela primaria "15 de Mayo".

Referencias

Atkins, D, Brown, J. y Hammond, A. (2007, fecha de actualización 2011). *Report to the William and Flora Hewlett Foundation.* Recuperado de http://www.hewlett.org/oer

Ávila, P. (2008). Recursos educativos abiertos, su importancia y valor social. *Cognición Revista científica de Flead.* Recuperado de http://216.75.15.111/~cognicion/index.php?option=com_content&task=view&id=159&Itemid=103

Brown, A. L. y Palincsar, A. S. (1985). *Reciprocal teaching of comprehension strategies: a natural history of one program for enhancing learning* (Reporte técnico No. 334). Urbana, IL y Cambridge, MA: Center for the Study of Reading y Bolt, Beranek, and Newman.

Cechinel, C., Rebollo, R. y Sánchez-Alonso, S. (2012). Objetos de aprendizaje: definición y caracterización. En F. Álvarez y J. Muñoz (coords.), *Avances en objetos de aprendizaje. experiencias de redes de colaboración en México* (pp. 21-46). Aguascalientes, México: UAA.

Celaya, R., Lozano, F. y Ramírez, M. S. (2009). Apropiación tecnológica en profesores que incorporan recursos educativos abiertos en educación media superior. *Revista mexicana de investigación educativa, 15*(45), 487-513.

Creswell, J. W. (2007). *Qualitative inquiry and research design: choosing among five approaches* (2a. ed.). ThousandOaks, CA, EUA: Sage.

D'Antoni, S. (2008, fecha de actualización 2011). *Open educational resources: the way forward. Deliberations of an international community of interest.* Recuperado de http://unesdoc.unesco.org/images/0015/001579/157987e.pdf

Enríquez, L. (2004). LCMS y objetos de aprendizaje. *Revista Digital Universitaria, 5*(10), 2-9.

Giroux, S. y Tremblay, G. (2004). *Metodología de las Ciencias Humanas.* Distrito Federal, México: Fondo de Cultura Económica.

Glasserman, L. D. (2012). Documentación de Experiencias de una Práctica Educativa Abierta (PEA) en un Curso de Educación Superior. *Revista electrónica iberoamericana sobre calidad, eficacia y cambio en educación, 10*(2). Recuperado de http://www.rinace.net/reice/numeros/vol10num2.htm

Heery, R. y Anderson, S. (2005). *Digital repositories review.* Recuperado de http://www.ukoln.ac.uk/repositories/publications/review-200502/

Mortera, F.J. (2011, mayo). *Avances del proyecto Metaconector de repositorios educativos para potenciar el uso de objetos de aprendizaje y recursos educativos abiertos: mejores prácticas.* Ponencia presentada en la Reunión de Primavera de CUDI 2011. Manzanillo, Colima, México.

Numagami, T. (1998). The infeasibility of invariant laws in management studies: a reflective dialogue in defense of case studies. *Organization science, 9*, 3-15. Recuperado de http://orgsci.journal.informs.org/content/9/1/1.full.pdf+html

OPAL (2011). *Beyond OER: shifting focus to open educational practices.* Recuperado de http://oer-quality.org/

Prince, M. (2004). Does active learning work? A review of the research. *Journal of engineering education, 93*(3), 223-231.

Ramírez, M. S. y Burgos, J. V. (2011). *Recursos educativos abiertos en ambientes enriquecidos con tecnología: Innovación en la práctica educativa*. México: ITESM

Schweitzer, D., Gibon, D. y Collins, M. (2009, enero). *Active learning in the security classroom.* Conferencia presentada en el 42nd Hawaii international conference on system sciences. Waikoloa, Hawaii, Estados Unidos.

Spirer, J. (1980). The cases study method: Guidelines, practices, and applications for vocational education. *Research and Development Series,* 189.

Stake, R. E. (1995). *Investigación con estudio de casos*. Madrid, España: Morata.

Sutton, R. y Barry, M.S. (1995). What theory is not. *Administrative Science Quarterly*, *40*, 371-384.

Szczerbacki, D., Duserick, F., Rummel, A., Howard, J. y Viggiani, F. (2000). Active learning in a professional undergraduate curriculum. *Developments in business simulation & experiential learning*, 27, 272-278.

TEMOA (2011). *Portal de recursos educativos abiertos*. Recuperado de http://www.temoa.info/es/acerca

UNESCO (2002, fecha de actualización 2011). *Forum on the impact of open courseware for higher education in developing countries final report.* Recuperado de http://unesdoc.unesco.org/images/0012/001285/128515e.pdf

Valenzuela, J. R. y Ramírez, M. S. (2010, junio). *Transformando a los profesores: desarrollo de competencias para una sociedad basada en conocimiento mediante objetos de aprendizaje abiertos.* Ponencia presentada en el XI Encuentro internacional Virtual Educa. Santo Domingo, República Dominicana.

Wiley, D. (2000, fecha de actualización 2011*). Connecting learning objects to instructional design theory.* Recuperado de http://www.reusability.org/read

Wu, Q. (2002, junio). *Discussion about active learning of undergraduates.* Conferencia presentada en el 2nd International Conference on Education Technology and Computer (ICETC). Shangai, China.

Yin, R. K. (2003). *Case study research, design and methods.* Newbury Park, EUA: Sage.

REGRESAR AL ÍNDICE

educonector.info: observatorio abierto de producción académica y científica mexicana

Silvia Irene Adame Rodríguez
Universidad Autónoma de Baja California (UABC)
sadame@uabc.edu.mx

José Vladimir Burgos Aguilar
Tecnológico de Monterrey (ITESM)
vburgos@tecvitual.mx

Luis Lloréns Baez
Universidad Autónoma de Baja California (UABC)
luis.llorens@uabc.edu.mx

Este capítulo, mediante un estudio observacional y descriptivo, tiene como objetivo dar a conocer el desarrollo informático metaconector educonector.info, que da visibilidad a la producción académica y científica de las instituciones de educación superior mexicanas, al compartir sus repositorios digitales para que la comunidad académica y usuarios de internet en general tengan acceso a recursos educativos confiables. Se presenta el marco conceptual y contextual, seguido de las especificaciones técnicas y cierra con la conclusión y trabajos futuros. Lo anterior se presenta con base en la experiencia adquirida al formar parte del comité técnico del proyecto auspiciado por CUDI- CONACYT "Metaconector de repositorios educativos para potenciar el uso de objetos de aprendizaje y recursos educativos abiertos: mejores prácticas".
Palabras clave: metaconector, repositorio digital, recursos educativos abiertos, metadatos, motor de búsqueda.

educonector.info: open access to academic and scientific mexican production

This chapter, using an observational and descriptive study, presents a description of the meta data harvester software development, called educonector.info. This system provides visibility to the academic and scientific production of Mexican Universities, who share reliable and quality educational resources, stored in digital repositories, with the academic community and to anyone with internet access. We present the conceptual and contextual framework, followed by the technical specifications, the conclusion and future work. This is presented based on the experience of being part of the technical committee of the project sponsored by CUDI-CONACYT Meta search of educational repository to promote the use of learning objects and open educational resources: best practices.
Key words: meta data harvester, digital repository, open educational resources, metadata, search engine.

"Es importante que se tenga la oportunidad de conocer y comprender los resultados del trabajo de investigación científica. No es suficiente que el conocimiento adquirido sea registrado, desarrollado y aplicado sólo por algunos especialistas. La limitación del capital de conocimiento a su propio círculo, es la muerte del espíritu filosófico de todo pueblo y conduce al empobrecimiento intelectual".
(Albert Einstein, 1948)

Introducción

Si comparamos la World Wide Web (WWW) con la funcionalidad de una telaraña, puede tener 2 propósitos: es un medio para que la araña obtenga alimento y es una trampa para los otros insectos. De igual manera nos sucede con la WWW: podemos quedar atrapados entre tanta información o contar con el conocimiento y habilidades para obtener recursos informáticos que alimenten nuestro conocimiento.

Con frecuencia tenemos dificultad para encontrar la información deseada en la web. Aun utilizando motores de búsqueda o servicios de directorio, obtenemos millones de resultados relacionados con las palabras que digitamos en un sistema buscador. Esto se agudiza al tratar de encontrar contenidos educativos confiables en internet.

De acuerdo con Herbert van der Sompel (2011), la Web crece a un ritmo asombroso: cada minuto más de 70 nuevos dominios se están registrando y más de 500,000 documentos se están agregando en la Web. Esta rápida expansión trae consigo grandes retos: por un lado, de preservar y dar visibilidad y acceso a contenidos digitales confiables; y, por otro, el que esas páginas y recursos web sean consultados y utilizados por los usuarios.

A su vez, el movimiento de acceso abierto, que promueve la educación para todos mediante la diseminación y utilización de recursos educativos abiertos (REA), como explica Mortera (2012), está detonando que las instituciones productoras de conocimiento, respetando los derechos de autor, lo dejen disponible a toda persona través de internet, por medio de repositorios, de los cuales trataremos en este capítulo (Smith y Casserly, 2006).

Lo anterior trae como resultado la iniciativa de desarrollar un componente de software del tipo metaconector que permita la vinculación de distintos repositorios digitales de recursos y materiales educativos y que pueda ser aprovechado por catálogos infomediarios en internet, con el objetivo de facilitar la tarea de encontrarlos, evaluarlos y compartirlos con la comunidad académica y los usuarios de internet en general.

Para comprender el sistema informático educonector.info, en este artículo se sigue una metodología observacional y descriptiva, partiendo de un sustento conceptual y contextual, siguiendo con las especificaciones técnicas y cerrando con la conclusión y trabajos futuros. Lo anterior se presenta con base en la experiencia adquirida al formar parte del comité técnico del proyecto auspiciado por CUDI- CONACYT, "Metaconector de repositorios educativos abiertos".

Marco conceptual

La idea principal de este apartado es que los lectores se familiaricen con los conceptos básicos del sistema metaconector educonector.info. Para ello se parte de las siguientes definiciones.

Un objeto de aprendizaje, de manera general, contiene un tema o unidad de contenido, objetivo, actividad de aprendizaje, metadatos y un mecanismo de evaluación (Wiley, 2001). Todo objeto o recurso de aprendizaje debe contar con metadatos o etiquetas que le permitan accesibilidad, reutilización e interoperabilidad (Burgos, 2010), de acuerdo a un consenso entre los diversos organismos que encabezan los desarrollos tecnológicos mundiales, incluyendo el Instituto de Ingenieros Eléctricos y Electrónicos (IEEE) (LOM, 2010), el Comité de Estándares Tecnológicos (LTSC, 2000) y la Iniciativa de Metadatos Dublin Core (DCMI, 2010).

El término REA fue acuñado en el año 2002 por la Organización de las Naciones Unidas para la Educación, la Ciencia y la Cultura (UNESCO), para referirse a los recursos educativos generados para ser provistos y accedidos digitalmente a través de las TIC, para su consulta, uso y adaptación, sin fines comerciales, siguiendo los lineamientos del Acceso Abierto (Budapest open Access Initiative, 2001; EC, 2012). La fundación William and Flora Hewlett Foundation define a los REA como recursos destinados para la enseñanza, el aprendizaje y la investigación que residen en el dominio público o que han sido liberados bajo un esquema de licenciamiento que protege la propiedad intelectual y permite su uso en forma pública y gratuita y la generación de obras derivadas por otros. Los recursos educativos abiertos se identifican como cursos completos, materiales de cursos, módulos, libros, videos, exámenes, software y cualquier otra herramienta, materiales o técnicas empleadas para dar soporte al acceso de conocimiento (Atkins, Brown y Hammond, 2007, p. 4). Ver figura 3.1.

Figura 3.1. Recursos educativos generados de manera habitual en una institución educativa por docentes e investigadores.

El principio de la creación de recursos educativos abiertos se encuentra en la simple y poderosa idea de que el conocimiento existente en el mundo es un bien público y que las TIC ofrecen el medio para hacerlo visible a todos. En otras palabras, se promueve el movimiento educativo abierto (Mortera, 2012).

Para Wiley (2010), el adjetivo abierto (open) indica que los textos, ebooks y otros recursos educativos sean diseminados gratuitamente bajo licencias copyright que garanticen permisos a los usuarios de acuerdo a las actividades "4R": Reutilizar, Revisar, Rehacer, Redistribuir.

El término metadatos se refiere a un conjunto de datos que describen y dan información acerca del contexto, condiciones o características específicas del objeto digital, en relación al tema en cuestión. Se puede decir que los metadatos son etiquetas para identificar los objetos de aprendizaje y recursos educativos con la posibilidad de ser verificados por un tercero (W3C, 2010), garantizando la accesibilidad a las descripciones de los objetos y recursos digitales (figura 3.2). Entre los estándares de metadatos más utilizados para estos fines se encuentran el IEEE LOM (LOM, 2010), Dublin Core Metadata Initiative, (DCMI, 2010) y SCORM (SCORM, 2010). El término interoperabilidad se refiere a la habilidad que tienen dos o más sistemas para intercambiar información y posteriormente reutilizar dicha información (Castro y López, 2012).

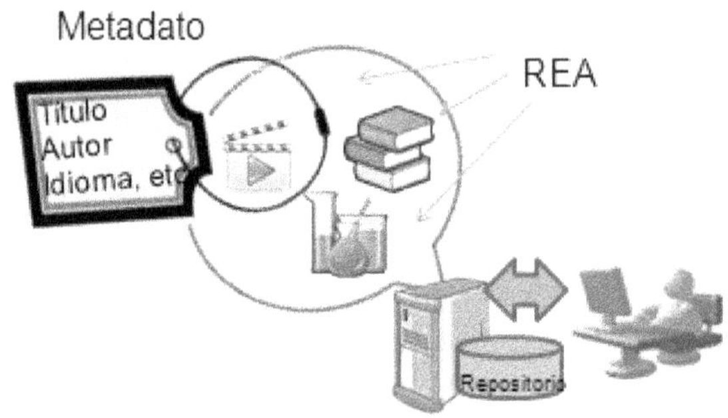

Figura 3.2. Metadatos de los recursos educativos, para su colocación en un repositorio.

Si bien se ha explicado qué son los REA y cómo se etiquetan, ahora conoceremos los sistemas que los contienen.

Lynch (2003) define un repositorio como un sistema informático donde distintas bases de datos o archivos se encuentran para su distribución en internet. Es un proveedor de datos que integra un conjunto de servicios que permiten incorporar, reunir, preservar, consultar y dar soporte a la gestión y difusión de los recursos digitales creados por la propia universidad a los miembros de la comunidad, a través de una interfaz o portal web, mediante una adecuada clasificación de sus recursos a través de metadatos.

De acuerdo con Heery y Anderson (2005), los tipos de repositorios según sus contenidos se clasifican en Institucionales o Temáticos.

Un repositorio institucional (RI) es un contenedor digital operado generalmente por las universidades que resguarda la producción científica y académica de la institución en una base de datos electrónica, ofreciendo servicios de búsqueda y recuperación de información a los miembros de su comunidad educativa. Un repositorio temático es aquel que almacena y da acceso a la producción de los académicos e investigadores de un área temática particular, por ejemplo un repositorio de ingeniería (SSOAR, 2012).

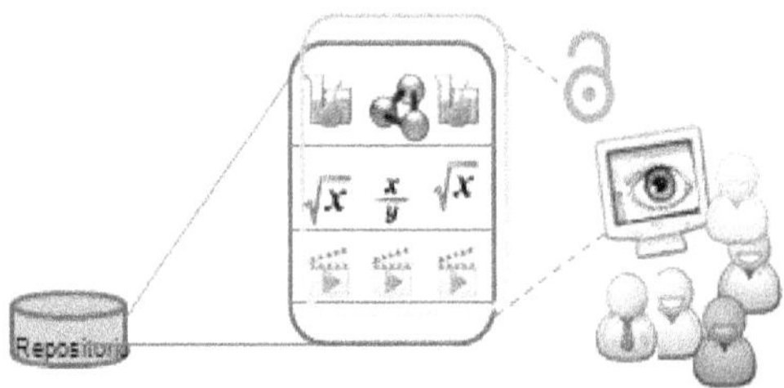

Figura 3.3. Representación esquemática de clasificación interna de un repositorio Institucional, el candado abierto representa que los contenidos pueden ser accedidos sin necesidad de pagar por ellos.

A continuación se describen los motores de búsqueda y metabuscadores que posibilitan localizar recursos en la Web.

Los motores de búsqueda son programas que rastrean documentos de acuerdo a palabras clave especificadas y que, como resultado, devuelven un listado con una breve descripción de los sitios web o documentos encontrados relacionados con el criterio de búsqueda.

Actualmente existen numerosos motores que utilizan programas de software de búsqueda distintos, unos son los *webcrawlers*, también llamados *bots* o *spiders* que se diseñan para indizar páginas en la web y encontrar palabras contenidas en esas páginas.

Cada bloque de información que encuentra un *spider* se coloca en el índice o catálogo del motor de búsqueda. Los spider buscan de acuerdo a un patrón pre establecido por el programador, por ejemplo en el caso del educonector, con base en el tesauro definido de metadatos (ver tabla 3.3 y figura 3.6).

El catálogo o índice es en algunos casos una gran base de datos que contiene una copia de cada página web encontrada. En otros casos sólo contiene los enlaces que llevan a una página Web.

Cuando un sitio web modifica su información o, en el caso de los repositorios educativos, se agregan nuevos, estos cambios no se reflejan de inmediato en los índices o catálogos; dependiendo de la frecuencia de visita de los *spiders* a los sitios web de dichos repositorios, esto puede demorar de semanas a meses.

Otros tipos de buscadores son conocidos como directorios de búsqueda. En ellos, un editor humano se encarga de indizar el contenido de un sitio. Observe en la tabla 3.1, algunos ejemplos de motores búsqueda.

Tabla 3.1
Motores de búsqueda populares.

Motores de Búsqueda	Autores / Nacionalidad
Google http://www.google.com	Larry Page y Sergey Brin. EUA, 1995
YAHOO! http://www.search.yahoo.com	David Filo y Jerry Yang. EUA, 1994
Live Search http://www.live.com	MSN
bing http://www.bing.com/	Microsoft

Un metaconector, sinónimo de metabuscador, es un buscador, agregador de metadatos del tipo infomediario. Un infomediario es el término que resulta de la combinación de las palabras información e intermediario. Un metaconector es un sitio Web que reúne y organiza grandes cantidades de metadatos y actúa como intermediario entre los que necesitan y los que suministran la información, como fuentes de información primarias y proveedores de repositorios. Los metabuscadores se pueden configurar para realizar búsquedas federadas o cosechar metadatos a través del protocolo OAI-PMH.

La búsqueda federada de metadatos es descentralizada: la búsqueda es distribuida en tiempo real en todos los repositorios relacionados; por sus características, se requiere de un mayor tiempo de procesamiento en las búsquedas, que repercute en el tiempo de respuesta. Comúnmente utiliza el protocolo Z39.50.

La cosecha de metadatos a través de protocolos informáticos como OAI-PMH es una búsqueda bajo demanda, en tiempo real, en un contenedor central donde se almacenan temporalmente los registros de los repositorios vinculados; por sus características, se requiere de un menor tiempo de procesamiento en las búsquedas (tiempo de respuesta).

El proceso de cosecha de metadatos (OAI-PMH) de contenidos digitales provenientes de repositorios académicos localizadas en internet, es un procedimiento semiautomatizado dirigido por una persona con conocimientos en bibliotecología y ciencias de la información (educonector (2013).

Marco contextual

Una de las líneas de acción del movimiento educativo abierto, se enfoca a la producción, diseminación, uso y reúso de recursos educativos abiertos. Actualmente, organismos mundiales como la UNESCO y Education For All (EFA), entre otros, impulsan proyectos tendientes a la creación, uso y transformación de REA, así como al desarrollo de repositorios y sistemas informáticos que los soporten y apoyen su propósito, convencidos de que el conocimiento es un impulsor del desarrollo económico y del crecimiento de los países (UNESCO-EFA, 2005).

De acuerdo con Haddad y Draxler (2002), los repositorios con contenido digital también reconocidos como *contentware* en inglés (por la conjunción de 2 palabras *content* referido a contenido y por la palabra *software*) representan un tema crucial y desafiante para las organizaciones e instituciones de educación, considerando sus implicaciones no solo económicas, informáticas o administrativas, sino además por sus implicaciones en el cambio educativo a implementar en el aula presencial o virtual, al reformular nuevas técnicas y estrategias de enseñanza para propiciar un ambiente de aprendizaje idóneo enriquecido con tecnología.

Por tal motivo surge la iniciativa para desarrollar de manera interinstitucional el pilotaje de creación de un metaconector que permita acceder a los metadatos de distintos repositorios digitales de recursos y materiales educativos, que provean interoperabilidad para la cosecha de metadatos, a través del protocolo open archive initiative – protocol for metadata harvesting (OAI-PMH) (Lagoze y Van de Sompel, 2008); y que pueda ser aprovechado por catálogos infomediarios, para dar visibilidad a dichos repositorios en la Web y facilitar así la tarea de encontrar, evaluar y compartir recursos educativos y objetos de aprendizaje, con la comunidad educativa y usuarios de internet en general.

Como antecedentes a este proyecto se tienen los siguientes metaconectores:

- Los que efectúan búsquedas federadas de metadatos, búsqueda en tiempo real bajo demanda en todos los repositorios distribuidos. Por sus características, se requiere de un mayor tiempo de procesamiento en el tiempo de respuesta.
    - OA- Hermes. Es un metabuscador de contenidos electrónicos provenientes de fuentes de información localizadas en internet. OA-Hermes se conecta a fuentes de información que manejan bases de datos y mecanismos de búsqueda propios. estas fuentes regresan información mediante consultas construidas por parte de los usuarios; por ello, la mayoría de los recursos que manejan es inaccesible por los buscadores tradicionales (Castro y García, 2007) http://oa-hermes.unam.mx/
    - RECOLECTA. Recolector de Ciencia Abierta tiene como objetivo impulsar, apoyar y coordinar el desarrollo cohesionado de la red interoperable de repositorios digitales para el acceso abierto, difusión y preservación de los resultados de la investigación científica en España, así como desarrollar servicios y funcionalidades de valor añadido sobre los resultados de esta investigación para los investigadores y el público en general. http://www.recolecta.net/buscador/
    - Red de Revistas Científicas de América y el Caribe, España y Portugal (REDALYC) http://redalyc.uaemex.mx/

- e-revistas. Plataforma open access de revistas científicas electrónicas españolas y latinoamericanas http://www.erevistas.csic.es/
- Dialnet (Difusión de Alertas en la Red). Es uno de los mayores portales bibliográficos de acceso libre y gratuito, cuyo principal cometido es dar mayor visibilidad a la literatura científica hispana. Recopila y facilita el acceso a contenidos científicos, principalmente a través de alertas documentales. Además cuenta con una base de datos exhaustiva, interdisciplinar y actualizada, que permite el depósito de contenidos a texto completo. http://dialnet.unirioja.es/
- Red federada latinoamericana de repositorios institucionales de documentación científica. Proyecto financiado por la red CLARA (www.redclara.net) y apoyado por el Banco Inter-Americano de Desarrollo (BID) el mes de junio de 2010 –participan 8 países (Argentina, Brasil, Chile, Colombia, Ecuador, México, Perú, Venezuela). Tiene por objetivo el lograr acuerdos y establecer políticas a nivel regional respecto al almacenamiento, acceso y consulta federada de las colecciones y servicios de información disponibles, así como la definición de estándares para la interoperabilidad, uso de herramientas para el registro de documentos, seguridad y calidad, propiedad intelectual y derechos de autor. https://sites.google.com/site/bidclara/
- Trove desarrollo australiano. Se enfoca a música, partituras, grabaciones sonoras musicales, entrevistas con personas importantes, audiolibros, películas y otros videos. http://trove.nla.gov.au/
- CORE (by JISC). El proyecto COnnecting REpositories (CORE) permite la navegación y acceso a través de trabajos científicos relevantes almacenados en repositorios de acceso abierto. http://core.kmi.open.ac.uk/

- Metaconectores que utilizan la cosecha de metadatos a través de OAI-PMH, realizan búsquedas bajo demanda, en tiempo real en un contenedor central donde se almacenan temporalmente los registros de los repositorios conectados. Por sus características, se requiere de un menor tiempo de procesamiento en las búsquedas y tiempo de respuesta.

  - DRIVER. Infraestructura de Repositorios Digitales para una Visión de la Investigación Europea. Ofrece acceso a la red de repositorios digitales de libre acceso en Europa a través de las disciplinas académicas, con más de 2,5 millones de publicaciones científicas, que se encuentran en artículos de revistas, tesis, libros, conferencias, informes, etc., recolectadas regularmente de más de 249 repositorios, procedentes de 33 países. http://www.driver-community.eu/ BUSCADOR: http://search.driver.research-infrastructures.eu/
  - OAIster, "find the pearls". Es un catálogo de millones de registros que representan recursos de acceso abierto, alimentado por colecciones de libre acceso en todo el mundo utilizando el protocolo open archives initiative para la recolección de metadatos (OAI-PMH). Actualmente OAIster incluye más de 25 millones de registros que representan recursos digitales de más de 1.100 contribuyentes http://oaister.worldcat.org/
  - BASE, Bielefeld Academic Search Engine. Permite búsquedas académicas de recursos abiertos. Operado por la Biblioteca de la Universidad de Bielefeld. BASE es un proveedor de servicios OAI registrado y contribuyó al proyecto Europeo "Digital Repository Infrastructure Vision for European Research" (DRIVER) http://base-search.net ofrece el validador de URL (OAI-PMH) http://oval.base-search.net/
  - Fundación ARIADNE (www.ariadne-eu.org). Es una asociación europea abierta al mundo para compartir y reutilizar el conocimiento. El núcleo de la infraestructura

ARIADNE es una red distribuida de repositorios de objetos de aprendizaje. http://ariadne.cs.kuleuven.be/AriadneFinder/

- GLOBE, Connecting the World and Unlocking the Deep Web. La Bolsa Mundial de objetos de aprendizaje (The Global Learning Objects Brokered Exchange - GLOBE) fue establecida entre los siguientes miembros fundadores: la Fundación ARIADNE en Europa, education.au en Australia, LORNET en Canadá, MERLOT en los EEUU y NIME en Japón. http://www.globe-info.org/
- Metaconector de OpenCourseWare (a través de feeds RSS). http://www.ocwsearch.com/
- Metabuscador de Universia (a través de feeds RSS) http://ocw.universia.net/es/buscador.php
- JOCW. Japan Opencourseware Consortium (www.jocw.jp) http://www.slideshare.net/OCWConsortium/ocw-search-services-for-lifelong-learners-4135554
- Intute. Consorcio integrado por las Universidades de Nottingham, Birmingham, Bristol, Heriot-Watt, Metropolitana de Manchester y Oxford Merlot que Expone REA académicos arbitrados de distintos proveedores http://www.intute.ac.uk/

Especificaciones técnicas del metaconector educonector.info

El educonector.info es un metabuscador que a través de la herramienta de comunicación de redes basada en internet, OAIConnect (OAI, 2012), permite la vinculación de distintos repositorios digitales de recursos educativos abiertos por medio de la cosecha intermedia de metadatos. Estos los interpreta considerando el estándar de Dublin Core, y los almacena en un servidor local que funciona como repositorio de metadatos, creando al mismo tiempo un índice que facilita la implementación de mecanismos de búsqueda en una interfaz Web (figura 3.6).

Requerimientos técnicos

Se desarrolla con tecnología abierta utilizando la plataforma OAI.Connect y Drupal, sistema de gestión de contenidos (CMS) que se utiliza para crear sitios web dinámicos y con gran variedad de funcionalidades. Es un software que se distribuye de forma gratuita y que permite que cualquiera pueda publicar, gestionar y organizar una amplia variedad de contenido en un sitio Web (educonector (2013).

Definición proceso de cosecha de metadatos

El metaconector busca cosechar los metadatos de los recursos digitales contenidos en cada repositorio a vincular. Un repositorio típicamente está organizado por colecciones, por lo que se realiza una "cosecha selectiva de colecciones" a través de un análisis previo del repositorio a cosechar. Al realizar el preanálisis se busca crear un perfil del repositorio y de sus colecciones para documentar la información relevante que permita definir las reglas de cosecha de metadatos. Algunas preguntas que permiten diseñar y documentar el perfil de cada colección son las siguientes: ¿cuál es el tema, disciplina o área de conocimiento en que se especializa la colección?, ¿qué volumen de registros tiene la colección?, ¿periodicidad de cosecha? Si el repositorio no produce recursos frecuentemente, quizá convenga definir periodos de cosecha semestrales o anuales y viceversa.

El Protocolo OAI para Cosecha de Metadatos (conocido como OAI-PMH) provee un marco de referencia para la interoperabilidad de aplicaciones basado en la recolección de metadatos. Hay dos tipos actores en el marco de OAI-PMH (Lagoze y Van de Sompel, 2008):

A. Los proveedores de datos (*data providers*) que administran sistemas que soportan el protocolo OAI-PMH como una forma de exponer los metadatos (figura 3.4).
B. Los proveedores de servicio (*service providers*) que cosechan metadatos aprovechando las bondades de OAI-PMH como base para la creación de servicios de valor añadido (figura 3.5).

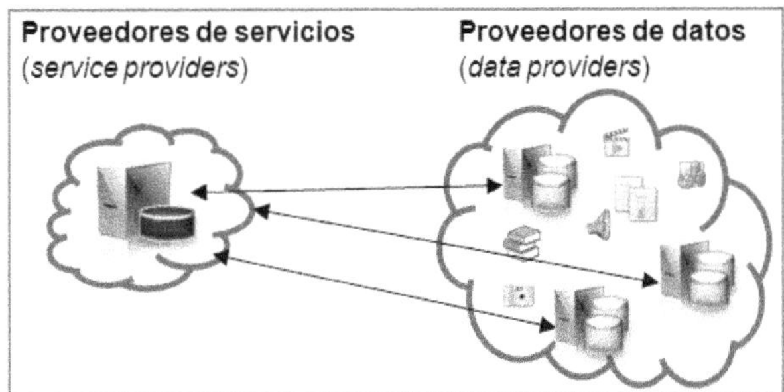

Figura 3.4. Los repositorios, proveedores de datos soportan el protocolo OAI-PMH permitiéndoles exponer los metadatos a un *crawler* o *spider* (Carpenter, 2003).

Figura 3.5. Los sistemas proveedores de servicio que cosechan metadatos aprovechando las bondades de OAI-PMH como base para la creación de servicios de valor añadido (Carpenter, 2003).

OAI-PMH define seis peticiones que son usadas por los cosechadores de metadatos (proveedores de servicio) para recolectar datos de los repositorios; cada petición tiene un propósito único y significado que facilitará la tarea de analizar la información. Ver tabla 3.2.

Tabla 3.2
Tipos de petición en el protocolo OAI-PMH. Hay argumentos obligatorios dependiendo del tipo de petición.

Petición OAI (OAI *Request*)	**Respuesta OAI (*OAI Response*)**
Identify	Proporciona información básica del repositorio, como el nombre del repositorio, URL base, versión del protocolo, la primera fecha de registro, granularidad, soporte de los registros eliminados, e-mail de contacto del repositorio.
ListSets	Facilita una lista de colecciones que se han establecido en el repositorio.
ListMetadataFormats	Provee un listado de formato de metadatos que son soportados por el repositorio.
GetRecord	Provee un registro único del repositorio
ListRecords	Facilita los metadatos de cada registro que cumple con los criterios especificados.
ListIdentifiers	Provee información básica de cada registro en el repositorio que cumple con los criterios especificados.

Como puede observar en el ejemplo 1, incluye el enlace a la página (URI) y una ficha técnica del recurso. De manera que, cuando se recibe una petición por parte del usuario (cibernauta), la base de datos utiliza un algoritmo específico de búsqueda, relacionándolo con las palabras correspondientes a los campos de los metadatos definidos (ver tabla 3.3), para encontrar y mostrar los enlaces a las páginas relacionadas.

```
            <p class="search-snippet"><div class="node">
          <h2 class="title"><a href="/node/3172" title="Factorización de polinomios">Factorización
de polinomios</a></h2>  <div class="meta meta-header">
                  </div>
          <div class="content">
            <div class="node-edit-link" id="node-edit-link-3172"><ul class="links"><li class="0 first
last"><a href="/node/3172">[View]</a></li>
         </ul></div><div class="field field-type-text field-field-author">
            <div class="field-items">
                <div class="field-item odd">
                     <div class="field-label-inline-first">
                 Autor(es): </div>
                    Adame, Silvia       </div>
                 <div class="field-item odd">
              </div>
         </div>
         <div class="field field-type-text field-field-description">
```

Ejemplo 1. Fragmento de código XHTML que muestra la relación del tesauro de metadatos con la respuesta a una búsqueda a través del educonector.info, observe las etiquetas *title*, *content*, *autor* y *description*.

Tabla 3.3
Esquema final de metadatos que conforman la base de cosecha y búsquedas del metaconector educonector.info https://sites.google.com/site/metaconector/

ESQUEMA FINAL DE METADATOS (cosecha)	
INGLÉS	ESPAÑOL
Title	Título
Identifier	URL del recurso
Description	Descripción
Subject	Área de conocimiento
Creator	Autor
Type	Género
Date	Fecha de creación
Rights	Derechos de autor
Format	Medio de presentación
Publisher	Proveedor
Language	Idioma

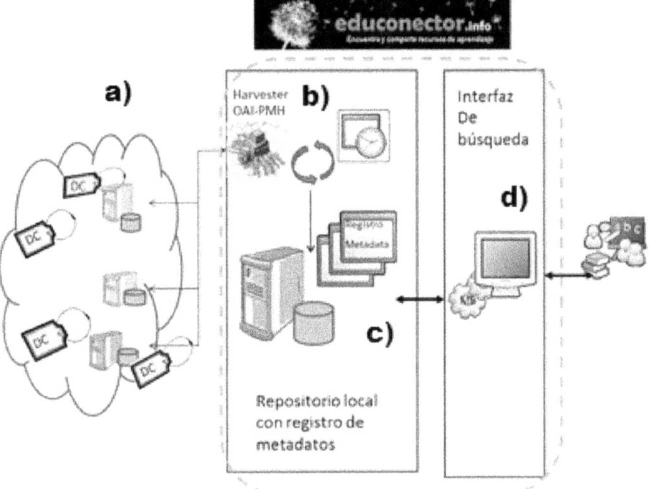

Figura 3.6. Esquema de las etapas que integran el desarrollo metaconector educonector.info. a) Repositorios que presentan recursos con metadatos interoperables por OAI-PMH, b) motor de búsqueda cosechador, c) etapa generadora de catálogo infomediario, d) interfaz de búsqueda.

Roles que intervinieron en el desarrollo

[M] Moderador (coordinar los distintos miembros del equipo de trabajo).

[T] Técnico (responsable del repositorio que será conectado).

[B] Bibliotecario (o con estudios afines en ciencias de la información y/o bibliotecología).

[P]Programador (responsable de desarrollo del aplicativo de software llamado "metaconector")/

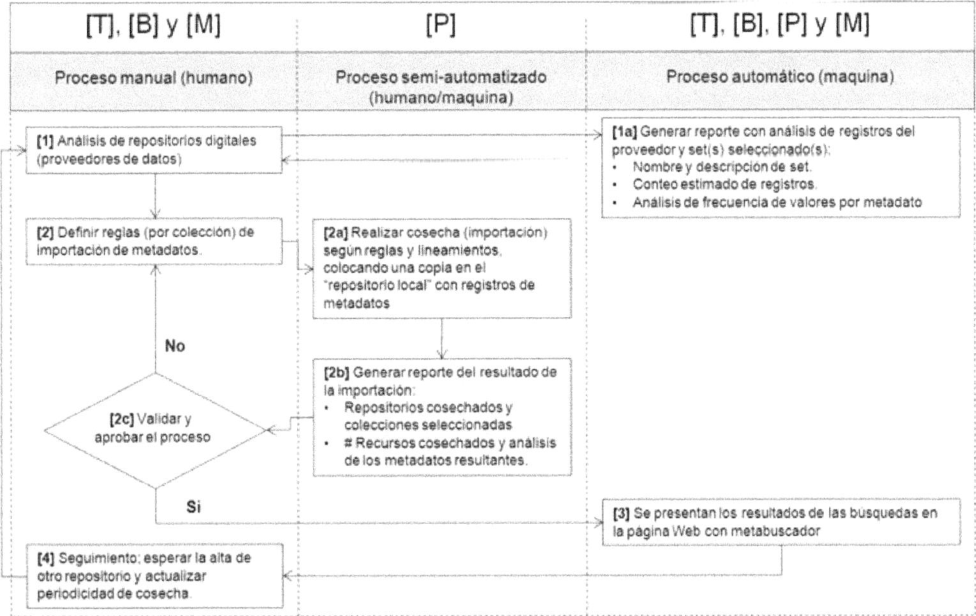

Figura 3.7. Proceso de flujo de trabajo, metaconector de repositorios + interfaz de usuario.

Proceso para la cosecha de repositorios digitales

1. Análisis de repositorios digitales (proveedores de datos)
   [1a] Generar reporte con análisis de registros del proveedor y set(s) seleccionado(s):
   - Nombre y descripción de set.
   - Conteo estimado de registros.
   - Análisis de frecuencia de valores por metadato
2. Definir reglas (por colección) de importación de metadatos. Ver imagen 8, bloque A.
   [2a] Realizar cosecha (importación) según reglas y lineamientos, colocando una copia en el "repositorio local" con registros de metadatos
   [2b] Generar reporte del resultado de la importación:
   - Repositorios cosechados y colecciones seleccionadas
   - # Recursos cosechados y análisis de los metadatos resultantes.
   [2c] Validar y aprobar el proceso
3. Se presentan los resultados de las búsquedas en la página Web educonector.info
4. Seguimiento; esperar la alta de otro repositorio y actualizar periodicidad de cosecha.

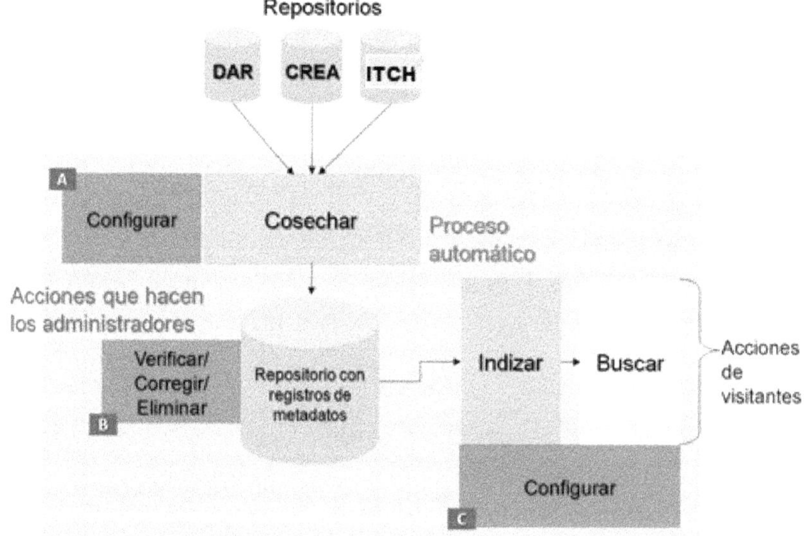

Figura 3.8. Arquitectura de la aplicación, conector de repositorios + interface de usuario. A) Definir reglas (por colección) de importación de metadatos. B) Validar y aprobar el proceso C) Página Web con metabuscador.

Principales características del metaconector educonector.info

- Agrupa y da visibilidad a repositorios universitarios de contenido abierto (open access) desde una sola interfaz, proporcionando un mecanismo de búsqueda flexible.
- Verifica que los contenidos de los repositorios cuenten con la calidad suficiente de metadatos para ser cosechados.
- La tecnología empleada en su desarrollo, permite la pronta respuesta de opciones relacionadas a través del catálogo que incluye la ficha técnica de los REA.
- Optimiza la infraestructura tecnológica donde radica la aplicación y los contenidos digitales. Es decir, no almacena ni concentra en un mismo equipo todos los recursos de cada repositorio. Sólo apunta a ellos.

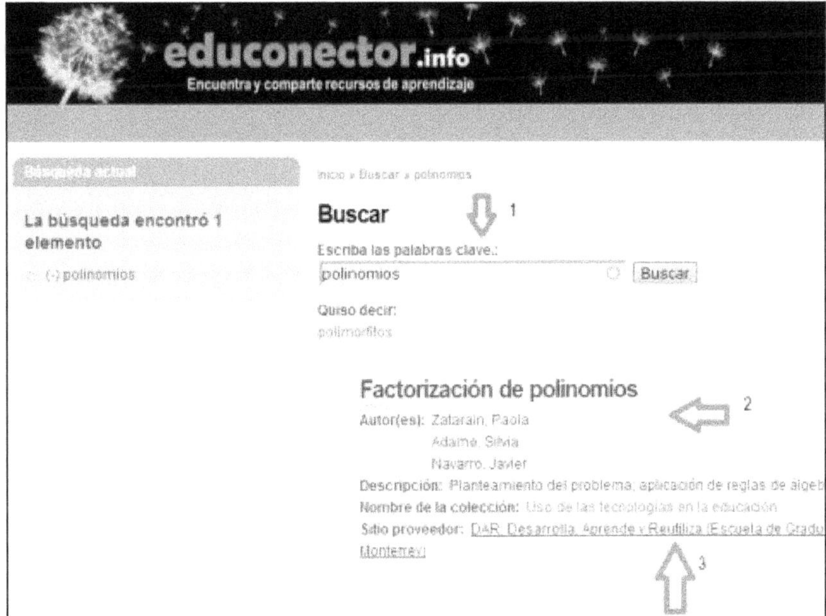

Figura 3.9. 1) Se indica la palabra clave a buscar y 2) Devuelve la ficha técnica del REA encontrado y 3) Indica e enlace al Repositorio o sitio proveedor, en el que se encuentra el REA.

Resultados

Como producto de esta investigación se llegó a generar un sistema de vinculación de repositorios digitales donde los acervos de recursos educativos abiertos (REA) y de objetos de aprendizaje (OA), pueden ser accedidos y facilitan apoyo de contenidos a las asignaturas curriculares de diversos niveles educativos.

Se sometió a concurso el nombre para el dominio del metaconector entre los miembros del proyecto; resultó ganador en nombre educonector, propuesto por la Universidad Montemorelos, y fue registrado posteriormente el dominio educonector.info.

El uso de la red de Internet2 para el metaconector educonector.info y los repositorios académicos de estos recursos de acceso libre y gratuito fue el soporte del proyecto, tanto en su desarrollo, como en los productos de colaboración que se generaron en la creación de este sistema de interacción de REA que facilitan la investigación educativa al alcance de una búsqueda en el educonector.info. Pilotaje y pruebas de concepto de un software de vinculación de 3 repositorios educativos bajo estándares de metadatos, ver figura 3.8.

El metaconector educonector.info ofrece un tiempo de respuesta óptimo mediante la normalización y cosecha de metadatos DC-OAI y la definición de filtros de búsqueda.

Aunado a otras iniciativas de colaboración y al movimiento de recursos educativos abiertos, el educonector.info promueve la creación de repositorios interoperables por OAI-PMH, dando presencia mexicana en el mundo, ya que al registrar cada RI de las instituciones nacionales en OAI Register, México se hace visible a través del ODOAR.

Actualmente el educonector.info vincula 11 repositorios de 9 Instituciones de Educación Superior Mexicanas:

- Escuela de Graduados en Educación del Sistema Tecnológico de Monterrey (ITESM)
    - DAR: Desarrolla, Aprende y Reutiliza (http://catedra.ruv.itesm.mx)
- Instituto Tecnológico de Chihuahua (ITCH)
    - ExpoVISION (http://expo.itch.edu.mx)
    - Portal SINED - Podcast Multimedia: Sistema Nacional de Educación a Distancia (http://podcast.itch.edu.mx)
- Universidad de Guadalajara (UdG)
    - CREA: Centro de Recursos para la Enseñanza y el Aprendizaje (http://www.crea.udg.mx)
    - e-Gnosis: Revista Digital Científica y Tecnológica (www.e-gnosis.udg.mx)
- Universidad Veracruzana (UV)
    - Repositorio Institucional (http://cdigital.uv.mx)
- Universidad Autónoma de Nuevo León (UANL)
    - Repositorio Institucional UANL (http://eprints.uanl.mx)
- Universidad de las Américas Puebla (UDLAP)
    - CIRIA: Centro Interactivo de Recursos de Información y Aprendizaje (http://catarina.udlap.mx/u_dl_a/tales/)
- Universidad Nacional Autonóma de México (UNAM)
    - Repositorio Institucional (www.rad.unam.mx)
- Universidad Autonoma del Estado de Hidalgo (UAEH)
    - Repositorios Biblioteca Digital (http://dgsa.uaeh.edu.mx:8080/bibliotecadigital/)
- Instituto Tecnológico de Estudios Superiores de Occidente (ITESO-Guadalajara)
    - EduDoc- Centro de Documentación sobre Educación (http://quijote.biblio.iteso.mx/)

La figura 3.10 muestra la distribución de repositorios en México, obtenida de la combinación de datos registrados por OpenDOAR y DOAR con los mapas de http://www.opendoar.org/find.php En este mapa no se observa el desarrollo del Instituto Tecnológico de Chihuahua, que sí puede ser accedido a través del educonector.info, debido a que no está registrado en OAI.

Figura 3.10. Distribución de repositorios en México.

Directory of open access repositories es el directorio mundial de repositorios de acceso abierto, perteneciente a la Universidad de Nottingham en Reino Unido, administrado por su personal en el Centre of Research and Comunications desde el año 2006 (DOAR, 2013).

Al respecto del DOAR, se realizó una estancia en el Centre of Research of Communication en la Universidad de Nottingham, UK en abril de 2012 con apoyo de la beca CONACYT 66529 y se presentó el sistema metaconector educonector.info al Ing. Peter Millington, quien es actualmente responsable del desarrollo técnico del directorio mundial de repositorios de acceso abierto open DOAR, sobre el cual hizo los siguientes comentarios:

El Ingeniero Millington felicitó la iniciativa de trabajo interinstitucional para visualizar los repositorios mexicanos a través de una sola interfaz. Sugiere considerar el desarrollo uniforme de repositorios institucionales. Y motivar a las demás universidades mexicanas y latinoamericanas a participar en el movimiento de acceso abierto; así como pensar en un *metadata core* adhoc a las características académicas de habla hispana.

Conclusiones y trabajo futuro

Con base en lo compartido, se ha dado a conocer el metaconector educonector.info como un observatorio al conocimiento científico y académico de instituciones mexicanas. Además, se ha presentado el estado del arte de los desarrollos para vincular repositorios en el mundo

El metaconector educonector.info representa una ventana al conocimiento, al alcance de todos los usuarios de internet, pensado en los mexicanos y personas de habla hispana principalmente para compartir con el mundo.

El tema de repositorios digitales abiertos es amplio y su implementación es reciente. Para nuestro país representa un camino largo; sin embargo, el primer paso ya está dado y ahora concierne a los académicos e investigadores divulgar estos esfuerzos para que generen eco en la comunidad nacional e internacional.

La información que brindan los recursos educativos abiertos a través de internet es muy amplia y valiosa, identificando como retos y trabajo futuro fomentar el cambio cultural global hacia una real diseminación de los REA producidos por miembros de la comunidad educativa, lograr acuerdos y establecer políticas a nivel regional respecto al almacenamiento, acceso y consulta de las colecciones y servicios de información disponibles, así como la definición de estándares para la interoperabilidad y uso de herramientas para garantizar seguridad y calidad en los contenidos. Se requiere estudiar las tendencias y mejores prácticas para desarrollar interfaces de usuario intuitivas, incorporar opinión de usuarios finales y generar valor agregado que permita acceso a comunidades internacionales más amplias. Asimismo, es de vital importancia conocer las áreas temáticas que cubren los Repositorios abiertos mexicanos y cómo pueden ser diagnosticados.

Esta oportunidad de diseminación de conocimiento sólo podrá ser evaluada en la medida que los usuarios finales, en este caso maestros, alumnos y usuarios web, accedan a los recursos digitales académicos y, a su vez, logren la apropiación tecnológica de los mismos, generando de manera sistémica nuevo conocimiento.

Agradecimiento

Los autores del presente estudio de investigación agradecen al Consejo Nacional de Ciencia y Tecnología (CONACYT) y a la Corporación Universitaria para el Desarrollo de Internet (CUDI), por auspiciar este proyecto. Así mismo a los miembros de las 4 universidades con quienes se colaboró a lo largo del proyecto, en especial al Instituto Tecnológico de Estudios Superiores de Monterrey, quien fungió como líder.

Referencias

Atkins, D., Brown, J. y Hammond, A. (2007). *Report to The William and Flora Hewlett Foundation. a review of the open educational resources (OER) movement: achievements, challenges, and new opportunities.* Recuperado de: http://www.hewlett.org/uploads/files/ReviewoftheOERMovement.pdf

Burgos, J. V. (2010). Distribución de conocimiento y acceso libre a la información con recursos educativos abiertos (REA). *Revista Digital La educ@cion, 143.* Recuperado de http://www.educoas.org/portal/la_educacion_digital/143/articles/reavladimirburgos.pdf

Budapest open access initiative (2001). *Iniciativa de Budapest para el acceso abierto.* Recuperado de www.opensocietyfoundations.org/openaccess/translations/spanish-translation

Carpenter, L. (2003). *OAI for beginners. The open archives forum online tutorial.* Recuperado de http://www.oaforum.org/tutorial/

Castro, L. y López, G. (2012). Propuesta para medir la interoperabilidad de objetos de aprendizaje. En M. Prieto, J. Melo y D. Pardíñaz, *Recursos Digitales para la Instrucción y el Aprendizaje* (pp. 90-97). Mérida, México: Instituto Tecnológico de Mérida, Yucatán.

Castro, A. y García, E. (2007). OA-Hermes: metabuscador académico, resultados de avances 2006-2007, Universidad Nacional Autónoma de México. Recuperado de http://ict.udlap.mx/people/alfredo/rabid/reporte-final/unam/reporte_tecnico_unam.doc

DCMI (2010). *Dublin core metadata initiative.* Recuperado de http://dublincore.org/

DOAR (2013). *Directory of open access repository.* www.opendoar.org

educonector (2013). *Plataforma OAI-CONNECT.* Recuperado de http://educonector.info/node/1435#define

Haddad, W. y Draxler, A. (2002). *Technologies for education: potentials, parameters and prospects; challenges and possibilities of ICTs for education, UNESCO and the Academy for Educational Development.* Recuperado de http://unesdoc.unesco.org/images/0011/001191/119129e.pdf

Heery, R. y Anderson, S. (2005). *Digital repositories review.* UKLON University of Bath. Recuperado de http://www.jisc.ac.uk/uploaded_documents/digital-repositories-review-2005.pdf

Lagoze, C. y Van de Sompel, H. (2008). *The open archives initiative protocol for metadata harvesting.* Protocol version 2.0 of 2002-06-14; document version 2008-12-07T20:42:00Z. Recuperado de http://www.openarchives.org/OAI/2.0/openarchivesprotocol.htm

LOM (2010). *LOM working draft v4.1*. Recuperado de http://ltsc.ieee.org/doc/wg12/

LTSC (2000). *Learning technology standards committee website*. Recuperado de http://ltsc.ieee.org/

Lynch, C. A. (2003). Institutional repositories: essential infrastructure for scholarship in the digital age. *ARL bimonthly report, 226,* 1-7. http://www.arl.org/resources/pubs/br/br226/br226ir.shtml

Mortera, F. (2012). Participación del Tecnológico de Monterrey en el proyecto de Recursos educativos abiertos móviles para la formación de investigadores educativos. En M.S. Ramírez y J. V. Burgos, *Recursos educativos abiertos y móviles para la formación de investigadores: Investigaciones y experiencias prácticas* (pp. 30-36). Monterrey, México: Lulú.

OAI (2012). *Open archive innitiative.* Recuperado de www.oaiconnect.org/

SCORM (2010). *Sharable content object reference model.* Recuperado de http://scorm.com/

SSOAR (2012). *Social science open access repository.* Recuperado de http://www.ssoar.info/en.html

Smith, M. S. y Casserly, C. M. (2006). The promise of open educational resources. *Change: the magazine of higher learning, 38*(5), 8-15.

UNESCO-EFA (2005). *Informe de seguimiento de la EPT en el mundo. Educación para todos – el imperativo de la calidad.* Recuperado de: http://www.unesco.org/new/es/education/themes/leading-the-international-agenda/efareport/reports/2005-quality/

Van de Sompel, H. (2011). *The future of the past of the web. 3rd joint web archiving workshop.* Recuperado de http://www.jisc.ac.uk/events/2011/10/futureoftheweb.aspx

Wiley, D. (2001). *Connecting learning objects to instructional design theory: a definition, a metaphor, and a taxonomy.* Recuperado de http://www.elearning-reviews.org/topics/technology/learning-objects/2001-wiley-learning-objects-instructional-design-theory.pdf

Wiley, D. (2010) *Openness as catalyst for an educational reformation.* Recuperado de www.educause.edu/EDUCAUSE%2BReview/EDUCAUSEReviewMagazineVolume45/OpennessasCatalystforanEducati/209246

REGRESAR AL ÍNDICE

Implementando un proveedor de datos OAI para una colección federada de recursos educativos abiertos

Alberto Pacheco González
Instituto Tecnológico de Chihuahua (ITCH)
apacheco@itch.edu.mx

Rene Cruz Flores
Universidad Autónoma del Estado de México (UAEM)
rgcruzf@uaemex.mx

El presente capítulo describe las primeras experiencias en la implementación de un proveedor de datos OAI a partir de un repositorio experimental, con el objeto de habilitar el protocolo OAI-PMH y la URL base necesarios para realizar la recolección de metadatos por medio de un proveedor de servicios OAI, para conformar una colección federada de recursos educativos abiertos a partir de los recursos disponibles en los repositorios de diferentes instituciones educativas. En el presente caso de estudio se presentan, a manera de tutorial breve, una serie de fundamentos y recomendaciones que pueden ser de utilidad para implementadores de proveedores de datos OAI, abarcando tanto aspectos conceptuales como pragmáticos para facilitar una implementación que posibilite el acopio y la diseminación de recursos educativos abiertos en la internet.
Palabras clave: tutorial, OAI-PMH, cosecha de metadatos, recursos educativos abiertos, colección federada, repositorios digitales.

Implementing an OAI data provider for an open educational resources federated collection

This chapter is a study case of an OAI Data Provider full implementation from an existing data repository. This effort is part of the educonector.info project which serves to collect open educational resources metadata from different educational institutions. In this case study, we report some experiences and recommendations that may be useful for some OAI Data Providers implementors with no previous knowledge and experience for adopting OAI-PMH.
Keywords: tutorial, OAI-PMH, metadata harvesting, open educational resources, federated digital collections, digital repositories.

"The information revolution, is a revolution of free energy...
but of another kind: free intellectual energy."
(Steve Jobs).

"OER provides an opportunity to try new ways of teaching and learning,
many of which are more collaborative and participatory."
(OER Commons, 2010).

"The success of OER is likely to depend on a flexible, extendable infrastructure."
(Smith y Wang, 2007).

OER movement is taking its first steps beyond a culture focused around "my site"
towards a culture that is focused around "our commons."
(Bissell y Boyle, 2007).

Introducción

Los recursos educativos abiertos (REA; UNESCO, 2002) son una manifestación del movimiento de acceso abierto (*open access*) dentro del ámbito educativo; otras manifestaciones del movimiento son: en software, el *open source* y en la red, el *open content* y *open media* (Wikipedia, Wikimedia, Flickr, Jamendo, etc.). Este nuevo paradigma de acceso abierto al conocimiento (Sociedad Max Planck, 2003) implica un profundo cambio cultural (Bissell y Boyle, 2007) y es soportado por una tecnología educativa disruptiva, es decir, una innovación tecnológica, producto o servicio que eventualmente desplazará a la tecnología dominante en el mercado, siendo radicalmente distinta a ella pero con un desempeño inicial inferior (Casserly, 2007). En este ámbito, la sinergia REA-internet puede contribuir a modificar el curso de la educación, al tener al alcance, por primera vez en la historia de la humanidad, la posibilidad real de garantizar el acceso abierto y global al conocimiento y el Patrimonio Cultural de la Humanidad, como establecen las Declaraciones de Berlín y Cd. del Cabo (Open Society Institute, 2007; Sociedad Max Planck, 2003). A pesar de que el acceso libre a los recursos educativos por sí solo no garantiza a la persona cubrir todas las libertades naturales que puede ofrecer este nuevo paradigma, sí puede, en su etapa inicial, establecer las condiciones necesarias para establecer las bases de su posible infraestructura, que va más allá del aspecto técnico y tecnológico, al integrar la dimensión legal, social, educativa, cultural, política, financiera y teórico-científica (Smith y Wang, 2007). De esta manera podrá contar con una infraestructura global que permita alcanzar las metas de ofrecer el acceso, uso y reúso abierto de los recursos digitales a todo ciudadano de una economía que transita de los bienes tangibles y mano de obra barata a una economía de intangibles, impulsada por el proceso acumulativo del conocimiento y la acelerada innovación tecnológica (Casserly, 2007).

En los albores de este movimiento, es posible ubicar parte de los esfuerzos por generar una colección federada (*federated collection;* Palmer, Zavalina y Mustafoff, 2007) de recursos educativos abiertos como propone el proyecto "Metaconector" (CUDI-CONACYT, 2011). En dicho proyecto, un grupo de instituciones (ITESM, UdG, UM, ITCH), usando el protocolo OAI-PMH, se propuso como objetivo interconectar sus repositorios de recursos educativos abiertos para facilitar su búsqueda desde un solo portal (Educonector.info, 2011).

Sin embargo, para una institución modesta como el ITCH, este esfuerzo colaborativo representó un reto significativo, dado que no se contaba con la infraestructura suficiente para lograr dicho objetivo de manera natural. Para ello hubo que enfrentar una serie de interrogantes y problemáticas que serán abordadas en la presente obra:

a) ¿Cuáles son los pasos a seguir para habilitar un repositorio de recursos educativos abiertos?
b) ¿Cómo se deben especificar los metadatos de los recursos educativos?

c) ¿Bajo qué licenciamiento es conveniente publicar los recursos educativos abiertos?
d) ¿Qué es OAI-PMH y recolección de metadatos? ¿Cómo se implementa dicho protocolo?

Marco conceptual

En base a nuestra experiencia dentro del proyecto, el primer paso recomendado previo a la implementación consiste en conocer y comprender toda una serie de términos y conceptos en torno al protocolo para la recolección de metadatos OAI-PMH, donde cabe señalar a los documentos (Lagoze, 2002; Lagoze, 2005; Carpenter 2003) como las fuentes oficiales para comenzar a conocer los aspectos relevantes y necesarios para comprender el protocolo OAI, para luego establecer una posible estrategia de implementación. Para una revisión más amplia y detallada que la aquí presentada en torno al área de investigación relacionada con metadatos y cosecha de metadatos basado en OAI-PMH, se recomienda consultar a Cole y Foulonneau (2007) y Duke y Hunter (2004). Antes de hacer referencia a cada uno de los principales elementos del marco conceptual para OAI-PMH, es de gran ayuda comprender la filosofía que hay detrás del movimiento de acceso abierto y sus implicaciones específicas en torno al tema de los recursos educativos abiertos.

Open access y recursos educativos abiertos (REA)

De manera análoga al concepto de software libre (Stallman, 1985), surge la noción de open content (Wiley, 1998), así como diversos proyectos e iniciativas pioneras tales como: Internet Archive en 1996, Connexions en 1999, Creative Commons en 2001, Wikipedia en 2001 y MIT OpenCourseWare en 2002, entre otros (Wiley y Gurrell, 2009). El ideal del movimiento aspira a contribuir a "la creación de un mundo donde todos y cada uno de los seres humanos puedan acceder y contribuir a la suma de todo el conocimiento de la humanidad" (Open Society Institute, 2007). En 2002, la UNESCO propuso el término open educational resources (OER) o recursos educativos abiertos (REA) para designar a aquellos materiales digitales que pueden ser libremente consultados, reutilizados y adaptados para la enseñanza, el aprendizaje y la investigación (Hylén, 2007) que, de acuerdo con Geser (2007), se caracterizan porque:

- Brindan un acceso libre y gratuito de los contenidos y sus metadatos, lo cual permite brindar una mayor libertad de uso que las licencias restrictivas convencionales no permiten (i.e. copyright).
- Tienen una licencia que permite su reúso para actividades educativas, libre de restricciones para traducir, combinar, mejorar, usar y compartir dichos contenidos de manera respetuosa y dando siempre crédito a sus respectivos autores. Estos principios, que van más allá del libre acceso, es a lo que Wiley y Gurrell (2009) denominan las "cuatro R": Reuso (copias), Revisar (adaptar, ajustar, modificar, traducir), Remix (remezclar, combinar) y Redistribuir.
- Adoptan preferentemente estándares y formatos diseñados para facilitar su descubrimiento, reúso e interoperabilidad.

Niveles de libertad

Un REA no siempre otorga todas las facultades enunciadas anteriormente (acceso libre y las cuatro R), por lo que los podemos clasificar por niveles: el primer y más obvio Nivel de Libertad (nivel -1) que debe otorgar un REA es el acceso libre del recurso: acceso gratuito, abierto, sin restricciones y contraseñas, mismo que puede ser leído, escuchado o visto en línea en todo momento y todo lugar. El segundo Nivel de Libertad (nivel 0) se otorga cuando existe la posibilidad de copiar y (re)distribuir el material. El último y más alto Nivel de Libertad (nivel 1) es cuando se permite modificar, combinar y adaptar el material, que en términos legales se conoce como "obras derivadas" (Bissell y Boyle, 2007).

Cosecha o recolección de metadatos

La cosecha o recolección de metadatos (*harvesting*) es básicamente una técnica para extraer, de manera automatizada, metadatos de repositorios para recopilar dichos metadatos (agregación) dentro de un catálogo central y así facilitar la búsqueda entre los recursos catalogados (Pal, 2010). El proceso de recolección o agregación distribuida de metadatos constituye, por sí solo, una valiosa oportunidad para crear servicios de un mayor valor agregado (Cole y Foulonneau, 2007). Su proceso involucra primero la creación, captura y exposición de los metadatos por medio de protocolos y estándares preestablecidos. Sus componentes básicos son: el protocolo, el recolector y los repositorios con metadatos estandarizados. Actualmente, los protocolos más comunes para exponer y recolectar metadatos son OAI-PMH y Z39.50/Zing (Pal, 2010). Otros posibles esquemas de agregación de metadatos más recientes lo conforman los canales RSS, Web 2.0 *tagging* y los portales basados en *mashups* (Engard, 2009; Wittenbrink, 2005).

Protocolo OAI-PMH (open archives initiative – protocol for metadata harvesting)

Es un protocolo Web (basado en HTTP) diseñado para que los repositorios digitales puedan ser interoperables y logren, de manera más eficiente, la diseminación de información, facilitando la conformación de colecciones digitales federadas mediante un mecanismo de cosecha de metadatos; técnicamente OAI-PMH se basa en HTTP, siguiendo el mismo mecanismo para descargar páginas Web mediante peticiones GET/POST, pero reciben como respuesta un documento XML en vez de HTML. Inicialmente fue creado, a finales de los noventas, para ofrecer un servicio universal que permitiera compartir y distribuir electrónicamente resultados académicos de investigación usando la red como una alternativa costeable, efectiva y rápida (Cole y Foulonneau, 2007). Las organizaciones que adoptan OAI-PMH en sus repositorios digitales tienen una gran probabilidad de ser indexadas por los mayores proveedores de servicios de búsqueda, como Google, Yahoo! y MSN. Todos ellos usan OAI-PMH para el descubrimiento automático de recursos y repositorios académicos (Reese y Banerjee, 2008).

Por otro lado, se abre la posibilidad de registrar voluntariamente nuestro repositorio en diversos registros de indexación global (Open Archives, OpenDOAR, OAIster, ePrints, etc.). El protocolo OAI-PMH se inspira en la metáfora de una catálogo global de obras (recolector), provenientes de diversas bibliotecas (proveedores de datos), donde cada obra tiene una ficha de catálogo (metadatos DC) y cada obra es un documento impreso de una biblioteca (DLO: document-like objects) (Cole y Foulonneau, 2007). OAI-PMH adopta el protocolo HTTP propio de la Web para la interacción cliente/servidor que asumen los siguientes nombres y roles:

- OAI Data Provider: Cliente del protocolo que recibe peticiones del recolector denominado proveedor de datos.
- OAI Service Provider (Hardvester): Servidor del protocolo que indaga repositorios enviando peticiones a las URL base de los repositorios OAI proveedores de datos.

Para aminorar de manera significativa el nivel de complejidad técnica requerido para implementar un proveedor de datos que soporte el protocolo OAI-PMH, se establecen los siguientes requisitos mínimos: a) Para el manejo de los metadatos, OAI-PMH usa XML; b) Para definir los elementos de metadatos utiliza XML Schema Language; c) Para los metadatos se recomienda, como mínimo común denominador, ajustarse al esquema simple de Dublin Core (DC), el cual, según Palmer et al. (2007), en la práctica es el más comúnmente utilizado. Entre las aplicaciones de software libre disponibles para soportar OAI-PMH tenemos: DSpace, ePrints, OAICat, Greenstone, Apache modoai, CDS Invenio, FEDORA, ARNO, I-Tor, PkP, UM Harvester, Virginia Tech Perl, UIUC Harvester, myOAI, ODL, Ivia, CPAN OAI, etc.

Metadatos

Un metadato (dato que describe otro dato bajo un contexto determinado) es información estructurada (de interés práctico para una determinada comunidad) que puede servir para describir un recurso de información (físico o digital) basado en cualquier formato o medio, con el propósito de: describir, recolectar, organizar, administrar, buscar, distribuir y preservar recursos digitales de información. Una analogía para el concepto de metadato pudiera ser la información disponible en las etiquetas de los productos de un supermercado (Foulonneau y Riley, 2008). De forma adicional, un metadato describe los atributos y contenidos de documentos originales (físicos o digitales). Reviste especial interés para nuestro contexto de repositorios digitales educativos el hecho de que dichos metadatos permiten mejorar la calidad, identificación, catalogación, búsqueda, licenciamiento y preservación de los recursos digitales disponibles en un repositorio. Además, dentro del contexto de redes, permite establecer identificadores de objetos digitales (DOI), enlaces hacia e-recursos, así como estrategias para mejorar la precisión de las búsquedas y el descubrimiento de recursos digitales al momento de integrar una colección federada (Cole y Foulonneau, 2007; Pal, 2010). Por otro lado, los estándares de metadatos permiten asegurar la compatibilidad y reducir las barreras económicas y técnicas para facilitar el flujo e intercambio de recursos entre los distintos repositorios que pretenden ser interoperables (Pal, 2010).

Estándares para metadatos

Un formato o estándar de metadatos agrupa un conjunto de elementos de metadatos para un propósito específico, como MARC, utilizado para registrar libros como una ficha de catálogo de biblioteca. Dado que no existe un estándar único para metadatos que abarque todos los tipos de recursos de información posibles, existe un sinnúmero de estándares para metadatos, tales como: Dublin Core, TEI, CIMI, GLIS, METS, MODS, MARC, VRA, SCROM, LOM, GEM, EAD, PB CORE, IMRC, CDWA, CSDGM, MIDAS, VERS, DDI, PREMIS, CIDOC, ETDMS, AGLS, e-GMS, ONIX y muchos otros. Un formato para metadatos puede expresarse ya sea con texto en un idioma humano o en un lenguaje de máquina, como SGML, DTD, XML, RDF, etc. Por ejemplo, puede tenerse un mismo metadato de Dublin Core expresado en texto plano, un esquema XML o en RDF. Entre las agencias de estandarización más importantes se encuentran: ANSI, ISO, NISO, DCMI, CEN, LC, OCLC, NCITS, UKLON, IFLA (Pal, 2010). El estándar básico para metadatos es el ISO/IEC 11179 (Wikipedia, 2010).

Vocabularios controlados

Un vocabulario define las reglas sintácticas para determinar si un valor de un elemento de un metadato es válido o pertenece a un dominio específico. Existen diversos mecanismos para definir un estándar de contenidos, ya sea con reglas (*syntax encoding schemes*) o vocabularios controlados u ontologías (*vocabulary encoding schemes*), como AACR2 para MARC, DOI para identificadores, o DCMI Type para elementos DC, donde se especifica, por ejemplo, la sintaxis de una fecha. Como menciona Caplan (2003), "un esquema de metadatos sin reglas para validar contenidos no es de gran utilidad", ya que, a menos de que se alimenten datos apropiados en cada elemento, los registros de metadatos serán inefectivos y de poco valor para que los usuarios puedan localizar dichos recursos (Foulonneau y Riley, 2008).

Tipos de metadatos

Los elementos de un formato de metadatos, aunque por lo general aparecen entremezclados dentro de un estándar, pueden clasificarse, según Foulonneau y Riley (2008), en:

- Descriptivos: detallan las propiedades que pueden ser de utilidad, por ejemplo, para buscar y localizar un recurso. Existen estándares genéricos (DC, MARC, MODS) y otros más especializados (IMS, GEM, ETD-MS, DDI, VRA Core, CDWA Lite, etc.).
- Administrativos: metadatos para la gestión técnica para la preservación de los recursos (archivar, clasificar, coleccionar, etc.), manejo de accesos, seguridad y licencias, historial o cualquier otro tipo de tarea administrativa.
- Estructurales: permiten definir objetos compuestos y ordenarlos de acuerdo a una secuencia o jerarquía. Algunos formatos tienen la capacidad de envolver elementos de otros estándares (*wrappers*); ejemplos de esto son METS, SMIL, MPEG-21 DIDL.

Asociación metadato – recurso

Un recurso educativo abierto puede tener más de un registro de metadatos, posiblemente en distintos formatos. Los registros de metadatos pueden ser externos o internos (embebidos) con respecto al recurso de información; por ejemplo, un registro que hace referencia a través de un enlace al recurso de información, o, en cambio, una página web que de manera interna incluye sus propios metadatos dentro de su código HTML (por ejemplo, microformatos y RDFa).

Granularidad

Un esquema para metadatos puede ser: a) Lineal: cada elemento tiene un valor y es independiente del resto de los elementos, como Dublin Core; b) Jerárquico: algunos elementos son contenedores de otros elementos o hay dependencias entre diversos elementos, como LOM. Entre mayor sea el nivel de detalle y complejidad estructural (*granularity*) mayor funcionalidad, pero, a la vez, mayor costo de creación y mantenimiento de dichos metadatos.

Dublin Core (DC)

Surge en 1995, cuando OCLC lanza la iniciativa DCMI (Dublin Core Metadata Iniciative) para cubrir la necesidad de describir documentos publicados en forma de páginas Web (originalmente embebidos dentro del encabezado de una página HTML) de una manera simple y concisa. El núcleo básico DC Simple consta de 15 elementos centrales (Simple or Unqualified DC): Title, Creator, Subject, Description, Publisher, Contributor, Date, Type, Format, Identifier, Source, Language, Relation, Coverage, Rights. Posteriormente se adicionaron 7 elementos (Qualified DC): Audience, Provenance, instructionalMethod, RightsHolder, accrualMethod, accrualPeriodicity, accrualPolicy; además de un grupo de calificativos para refinar la semántica de algunos elementos, como Date.created, Date.issued, Date.modified, Date.available, etc. Una cualidad notable de Dublin Core es que todos estos elementos son opcionales, pueden repetirse e ir en cualquier orden (Foulonneau y Riley, 2008; Reese y Banerjee, 2008). DC es un estándar reconocido por diversas agencias (CEN, NISO, ANSI) y puede considerarse como el HTML de los metadatos en la Web; a pesar de ser frugal, limitado y un tanto añejo, su simplicidad y extensibilidad son un buen compromiso entre formalidad y eficacia práctica, que ha permitido que se haya extendido de manera global y en muy diversas disciplinas (Foulonneau y Riley, 2008).

DC ha tenido una buena aceptación y su adopción es mayoritaria y de un alcance internacional dentro de la comunidad bibliotecaria. Varias plataformas para repositorios digitales soportan DC, tales como DSpace y CONTENTdm. Hay también un buen número de protocolos de interoperabilidad que soportan DC: OAI-PMH, SRU y Z39.50 (Reese y Banerjee, 2008). Su relativa sencillez es, a su vez, su fortaleza y debilidad. En la práctica, a nivel de intercambio y recolección de metadatos entre repositorios digitales generalmente se reduce al conjunto básico de 15 elementos del DC simple (*dumping down*). Cuando no se adopta un vocabulario controlado o esquema de codificación para los distintos valores de los metadatos, se reduce considerablemente la uniformidad, validez, calidad y posible utilidad de los metadatos al momento de realizar una búsqueda más precisa y detallada. Entre dichos elementos, el más vulnerable es, generalmente, la ausencia de una taxonomía estandarizada y especializada para el elemento DC.Subject (Cole y Foulonneau, 2007; Reese y Banerjee, 2008).

Marco contextual

Nuestra participación dentro del proyecto del "metaconector" se enfocó primordialmente en colaborar dentro del apartado relacionado con la implementación técnica que refiere uno de los objetivos del proyecto CUDI-CONACYT:

Desarrollar un componente de software llamado 'metaconector' que permita la interconexión de distintos repositorios digitales de recursos educativos y que pueda ser aprovechado por catálogos (infomediarios) en internet, con el objetivo de facilitar la tarea de encontrar, evaluar y compartir recursos educativos abiertos (REA) con la comunidad e instituciones educativas.

Cabe aclarar en este punto que, como se mencionó anteriormente, la arquitectura OAI establece dos escenarios importantes (Alexander y Gautam, 2004):

a) La habilitación del proveedor de datos (OAI *data provider*) a partir de un repositorio de recursos educativos institucional que cubra una serie de requisitos, donde además puedan llevarse a cabo las siguientes acciones: consolidar, alimentar y publicar un determinado conjunto de metadatos, implementar los servicios que demanda el protocolo OAI-PMH y, desde luego, que los recursos puedan ser compartidos bajo un esquema de licenciamiento apropiado para un REA.
b) El desarrollo propio del proveedor de servicios (OAI *service provider*) o "metaconector", que se encargará de cosechar y enriquecer los metadatos para ofrecer servicios de valor agregado, tales como búsquedas, navegación por colecciones (*browsing*), filtrado, anotaciones, etc.

El trabajo desarrollado que se presenta a continuación se limita al primer escenario, donde por cierto, cada institución participante (ITESM, UdG, ITCH) aportó su propio repositorio y habilitó el protocolo OAI-PMH para certificar dicho repositorio como un proveedor de datos OAI. Para ello, los repositorios DAR del ITESM y CREA de la UdG se respaldaron en los servicios OAI que ofrece el software libre para crear repositorios: DSpace (Pal, 2010, pág. 50). En nuestro caso, optamos por implementar por completo dicho protocolo, en parte porque los repositorios disponibles fueron desarrollados localmente y, segundo, para verificar experimentalmente las aserciones referidas en la literatura en cuanto a la relativa facilidad de implementación del protocolo OAI-PMH (Alexander y Gautam, 2004; Cole y Foulonneau, 2007; Pal, 2010).

Metodología

Durante la realización del proyecto de investigación se estableció una metodología de trabajo específica para cubrir el apartado técnico, que a su vez comienza con el análisis y valoración de cada repositorio digital en base al cumplimiento de una serie de criterios que detallan Burgos y Garza (2011), a saber:

- URL base OAI-PMH.
- Metadatos DC habilitados.
- Licencia legal (términos de uso).
- Recursos de acceso público y gratuito.

Como segundo paso, se recopiló un tesauro con todos los metadatos disponibles entre los repositorios participantes. Con esta información se determinó el común denominador o núcleo básico de Dublin Core a soportar, que correspondió en su mayor parte a los 15 metadatos del DC Simple, denominado OAI-DC.

Posteriormente, como estrategia de nuestro equipo de desarrollo para intentar abordar los requerimientos mencionados arriba, se planteó llevar a cabo las siguientes actividades:

- Estudiar y comprender la filosofía, terminología, arquitectura y elementos del protocolo OAI-PMH.
- Analizar los metadatos de los repositorios digitales disponibles.
- Seleccionar al repositorio más cercano al conjunto de metadatos DC.
- Ajustar y habilitar los metadatos DC en dicho repositorio.
- Revisar o proponer una licencia de acceso libre para los recursos del repositorio.

- Diseñar e implementar un módulo de software para ofrecer todos los servicios necesarios para soportar el protocolo de recolección de metadatos OAI-PMH.
- Efectuar pruebas de diagnóstico y validación OAI-PMH.
- Liberar la URL base OAI-PMH.
- Realizar ajustes de la retroalimentación recibida durante la fase de recolección de metadatos.

Implementación

Siguiendo los pasos de la metodología de trabajo planteada para la implementación del protocolo, a continuación se describen las etapas más importantes del proceso. Como primer paso, dado que no se contaba con ningún especialista ni experiencia en el tema de bibliotecas digitales, repositorios digitales y mucho menos en el protocolo OAI-PMH, se procedió a realizar una búsqueda bibliográfica para intentar comprender el marco conceptual y las especificaciones del protocolo. Para realizar esta labor fue necesario invertir casi dos meses de tiempo.

Repositorios

Entre los repositorios disponibles, se ubicaron dos repositorios experimentales desarrollados localmente y también de acceso libre. El repositorio ExpoVision es un acervo de documentos codificados en un formato simple (similar a la sintaxis de un Wiki), especialmente diseñado para representar filminas (*slides*) en formato HTML como apoyo para las presentaciones de clase. ExpoVision genera, mediante scripts de PHP, páginas HTML en tiempo real, las cuales son de un tamaño muy reducido (del orden de decenas de kilobytes) y pueden visualizarse en computadoras tradicionales y dispositivos móviles. Este repositorio cuenta con alrededor de 250 recursos educativos y más de un millón y medio de visitas (presentaciones generadas). Fue seleccionado como primer candidato por su estabilidad, el acceso al código fuente y las bondades que ofrecía el hecho de incorporar un esquema estandarizado de metadatos, su debido licenciamiento libre y su futura catalogación. El segundo repositorio, Podcast Media Player (2011), es un prototipo recién desarrollado para navegar a través de una colección de podcasts multimedia y de video desde un dispositivo móvil con una interfaz *multi-touch*, como iPhone o iPod Touch. Dicho software forma parte del proyecto de investigación (SINED 2011) que pretende crear una aplicación para un dispositivo móvil (iPhone/iPad) capaz de navegar a través del repositorio digital de una manera intuitiva y amigable (tiny.cc/mplay5). Además de haberse seleccionado por las mismas razones que el repositorio anterior, este nuevo desarrollo ofreció la ventaja de incorporar el esquema de metadatos, licenciamiento y protocolo desde su etapa inicial de diseño. En lo sucesivo, por brevedad solo nos referiremos a ExpoVision, con fines ilustrativos, bajo el nombre genérico de 'repositorio'.

Licencia CC y metadatos OAI-DC

Luego de investigar en diversos sitios como OER IPR y Creative Commons, se determinó un esquema de licenciamiento Creative Commons (CC) BY-NC-SA, donde: BY=Attribution (reconocimiento del autor), NC=Non Commercial (sin fines de lucro), SA=Share Alike (los trabajos derivados deben compartirse bajo los mismos términos). Los metadatos originales de las presentaciones (páginas web) del repositorio contenían algunos metadatos implícitos, tales como: título de la presentación, autor, editorial (publisher), fecha de creación, idioma y formato. Originalmente, estos recursos digitales sólo contenían cuatro metadatos incrustados dentro de la página en HTML usando *meta-tags:*

```
<meta name="author" content="Albert Einstein" />

<meta name="date" content="2011-11-20" />
```

El primer esfuerzo de implementación consistió en generar y codificar un conjunto más amplio de meta-tags bajo el estándar Dublin Core de la siguiente forma:

```
<link rel="schema.DC" href="http://purl.org/dc/elements/1.1/" />
```

```
<link rel="schema.DCTERMS" href="http://purl.org/dc/terms/" />
  <meta name="DC.title" lang="es" content="Aplicaciones Móviles" />
  <meta name="DC.creator" content="Alberto Pacheco" />
  <meta name="DC.description" lang="es" content="El objetivo del curso es.. " />
  <meta name="DC.subject" content="Mobile Programming, iOS, Android" />
  <meta name="DC.type" scheme="DCTERMS.DCMIType" content="Text" />
  <meta name="DC.publisher" content="Instituto Tecnológico de Chihuahua" />
  <meta name="DC.format" content="text/html" />
  <meta name="DC.language" scheme="DCTERMS.RFC1766" content="es" />
  <meta name="DC.rights" content="http://creativecommons.org/licenses/by/3.0" />
  <meta name="DC.date" content="16/Aug/2011 10:10pm" />
```

Obsérvese cómo se ha especificado la licencia Creative Commons y se han usado los vocabularios controlados DCMIType para el formato y el esquema DCTERMS para el idioma.

Otra manera alternativa de hacerlo es por medio del estándar W3C RDFa, que es más versátil para incrustar metadatos usando cualquier etiqueta HTML que delimite un dato de interés, como, por ejemplo, en el caso del título de la obra:

```
<div        xmlns:dc="http://purl.org/dc/elements/1.1/"
  href="http://purl.org/dc/dcmitype/Text"
property="dc:title" rel="dc:type">
  Desarrollo de Aplicaciones Móviles
</div>
```

Para incluir los metadatos DC dentro de un REA, se modificó el script PHP que genera las presentaciones, el cual recolecta la información necesaria (en su base de datos interna) para luego, al momento de generar el encabezado de la página HTML, insertar los metadatos DC junto con la especificación de la licencia CC a través de la técnica basada en *meta-tags* (explicada anteriormente). De esta forma se actualizaron de manera instantánea y automática los metadatos y licencias CC de los 250 recursos educativos disponibles. Una vez incorporados dichos metadatos, se procedió a desarrollar un nuevo script PHP para extraer automáticamente todos los metadatos incrustados en dichos recursos digitales, para concentrarlos y almacenarlos en dos tablas de una base de datos: en una de ellas se relaciona el recurso con una determinada colección (set, que para el caso del repositorio ExpoVision, corresponde a una materia o asignatura) y en la otra tabla se asocia un registro de metadatos por cada recurso disponible (representado por un identificador). Dicha base de datos sirve de soporte para los scripts PHP que implementarán todos los servicios del protocolo OAI-PMH.

URL Base

La interfaz primaria de un proveedor de datos OAI es su URL base, que en nuestro caso es http://expo.itch.edu.mx/oai.php, a través de la cual se reciben peticiones del recolector de metadatos por medio de un verbo con diversos parámetros para indicar la información requerida, como por ejemplo:

http://expo.itch.edu.mx/oai.php?verb=ListSets&metadataPrefix=oai_dc

donde:

URL Base: http://expo.itch.edu.mx/oai.php

Verbo: ListSets significa reportar lista de colecciones temáticas disponibles.

Parámetro: metadataPrefix=oai_dc significa transferir metadatos en DC Simple.

Al recibir una petición como la anterior, nuestro proveedor de datos debe dar una respuesta codificada en XML como la siguiente:

```
<?xml version="1.0" encoding="UTF-8" ?>
<OAI-PMH xmlns="http://www.openarchives.org/OAI/2.0/"
    xmlns:xsi="http://www.w3.org/2001/XMLSchema-instance"
    xsi:schemaLocation="http://www.openarchives.org/OAI/2.0/
    http://www.openarchives.org/OAI/2.0/OAI-PMH.xsd">
  <responseDate>2011-08-11T21:01:32Z</responseDate>
<request verb="ListSets" metadataPrefix="oai_dc">
    http://expo.itch.edu.mx/oai.php
</request>
  <ListSets>
    <set>
          <setSpec>3b7f9e403ca254c</setSpec>
          <setName>Inteligencia Artificial</setName>
    </set>
    <set>
          <setSpec>812fd64b55673998</setSpec>
          <setName>Ensamblador</setName>
    </set>
          ...
          ...
```

Peticiones OAI-PMH

Entrando más a detalle sobre el protocolo, cualquier petición OAI-PMH contiene uno de los seis verbos que a continuación se enlistan:

- Identify: regresa nombre del repositorio, URL base, versión de protocolo, fecha del registro más antiguo, correo del administrador y nivel de granularidad para fechas.
- ListMetadataFormats: reporta los distintos esquemas de metadatos soportados.
- ListSets: regresa nombres e identificadores de las distintas colecciones disponibles.
- ListIdentifiers: regresa identificadores de todos los registros disponibles en la colección.
- ListRecords: Regresa todos los registros de un conjunto y rango determinados.

- GetRecord: Regresa un registro determinado mediante su identificador.

Aparte del parámetro obligatorio metadataPrefix, existen también parámetros opcionales para refinar la selección: aquellos que delimitan el rango de fechas (from y until) y el que selecciona una colección en particular (set).

Condiciones de error

Nuestro proveedor de datos OAI debe ser capaz de reconocer si una petición es válida y en caso de que no sea correcta debemos entregar un reporte de error codificado también en XML. Entre la lista posibles códigos de error tenemos: noMetadataFormats, badVerb, idDoesNotExist, badArgument, noRecords-Match, noSetHierarchy, cannotDisseminateFormat, badResumptionToken, los cuales contemplan errores de sintaxis, nombres inválidos (verbos, identificadores, colecciones) y omisiones, nombres, valores o combinaciones inválidas de argumentos. Dentro de un proceso automático de recolección de datos es de esperarse que la mayoría de estos errores no se presenten; en todo caso, es normal que se presenten sólo algunos de ellos (noReccordsMatch, noSetHierarchy), de acuerdo a la configuración y estructura misma de los metadatos de un repositorio. De otra forma, los reportes de error pueden dar una pista de las posibles fallas que puedan existir en la implementación del proveedor de datos.

Detalles de Implementación para cada petición

Con estos elementos (bases de datos, tipos de peticiones y manejo de errores) es posible comenzar a implementar cada petición OAI-PMH. Sin embargo, antes sería conveniente analizar el ciclo de atención para toda petición recibida vía HTTP. Primero, como se ilustra en la figura 4.1, una vez que el cliente recibe una petición OAI se procede a identificar y validar el verbo y sus parámetro; en caso de que no sea válido el verbo o sus parámetros se concluye el proceso enviando un mensaje de error en formato XML (figura 4.1). Si el verbo es válido y tiene el mínimo de parámetros requeridos, se selecciona una función específica de PHP para atender dicho verbo. Como comentario, cabe señalar que los verbos Identify y ListMetadataFormats son los más simples de implementar: tienen una sola respuesta predeterminada de texto en XML. En cambio, el verbo ListSets requiere consultar la tabla de la base de datos que cataloga las colecciones disponibles. El verbo GetRecord requiere efectuar una búsqueda en la segunda tabla de la base de datos, para encontrar el recurso específico para el identificador proporcionado. En cambio, los verbos ListIdentifiers y ListRecords requieren un análisis preciso de los parámetros from/until/set para delimitar el conjunto de registros que deben ser reportados. Como comentario final, durante la fase de desarrollo es altamente recomendable validar cada avance de la implementación dentro del sitio de (Open archives initiative, 2005).

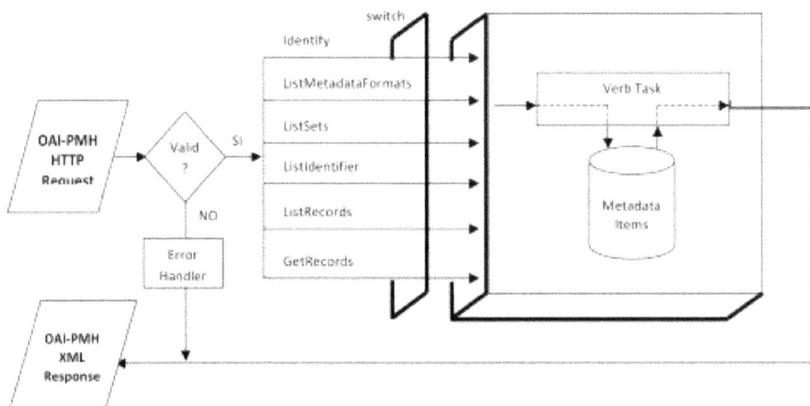

Figura 4.1. Ciclo de atención a petición OAI, procesamiento y respuesta OAI codificada en XML.

Proceso de recolección de datos

Una vez implementado y validado el proveedor de datos OAI (pasos 1 y 2, inciso A de la figura 4.2) puede iniciar el proceso de recolección de metadatos (paso 3, incisos B y C de la figura 4.2), para finalmente ofrecer un servicio de búsqueda federada directamente bajo la colección de metadatos cosechados (pasos 4-5-6, incisos D-E-F de la figura4.2). Dichos pasos se enumeran a continuación:

1. Extraer primero los metadatos de los recursos educativos disponibles en el repositorio, generando la base de datos.
2. Implementar un script para implementar los seis verbos OAI y el manejador de errores. Para ello se recomienda validar (*conformance testing*) y registrar el repositorio ante la Open archives initiative.
3. Posteriormente podrá ser cosechado cada proveedor de datos liberado, en este caso, por el módulo OAIConnect (Burgos y Garza, 2011), que respalda al servicio de búsqueda y catalogación del sitio (Educonector.info, 2011).
4. Al momento de que un usuario realiza una búsqueda, el metaconector indaga la base de metadatos local (colección federada).
5. Se reportan los recursos que satisfacen los criterios de búsqueda;
6. El usuario selecciona el elemento de interés y, por medio de un enlace, descarga el recurso educativo en el repositorio de donde es originario.

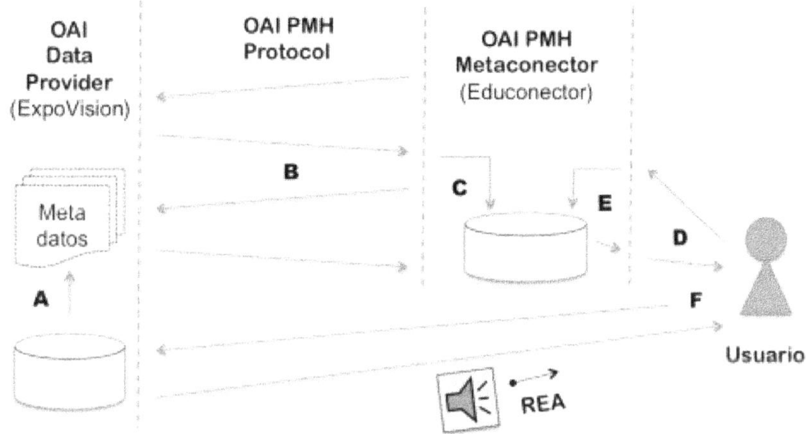

Figura 4.2. Búsqueda de un recurso educativo abierto por medio del metaconector.

Resultados y conclusiones

Al integrar de manera efectiva los esfuerzos de las distintas investigaciones involucradas en el proyecto CUDI-CONACYT 2011, fue alcanzado el objetivo de cosechar los metadatos de los repositorios propuestos para soportar el protocolo OAI-PMH: DAR (ITESM), CREA y e-Gnosis (UdG), ExpoVision y Podcasts Educativos (ITCH), donde actualmente se han sumado a la iniciativa otros repositorios institucionales (UNAM, UV, UDLAP y UANL). Todos estos recursos digitales de dominio público pueden ser buscados de manera simple, eficiente y rápida a través de una sola página de internet: educonector.info/. Este servicio de búsqueda ha resultado ser una herramienta adicional muy interesante y valiosa para nuestros propios usuarios, puesto que nuestros repositorios sólo ofrecen un esquema de navegación jerárquico (*browsing*). Ahora, por ejemplo, al escribir el término "goldberg" en el buscador Educonector.info, nos sugiere otros términos relacionados, como "máquina de goldberg" y enseguida reporta todos los recursos disponibles repartidos en ambos repositorios (nueve recursos), especificando también la colección a la cual pertenece cada uno de ellos, ofreciendo incluso la posibilidad de filtrarlos de acuerdo con diversos criterios. De esta manera, en nuestro ejemplo, es sencillo reconocer que existen tres video-clips y seis presentaciones pertenecientes a tres materias distintas que abordan ese mismo tema. Otro impacto importante ha sido un incremento del 15% de audiencia (visitas) a los sitios que hospedan nuestros recursos educativos.

En cuanto a nuestro esfuerzo de desarrollo para habilitar dos repositorios de recursos educativos abiertos como proveedores de datos OAI-PMH, que fueron debidamente validados y registrados ante Open archives initiative donde existen registrados poco más de 1,600 proveedores de datos de todo el mundo, además de lograr con éxito dicho objetivo (donde la metodología y la asesoría y colaboración entre investigadores de las distintas instituciones fue clave), también podemos mencionar que se logró, como subproducto, la adición y uniformización de todos los metadatos bajo un mismo estándar (Dublin Core Simple), así como la incorporación de un licenciamiento libre (Creative Commons) para todos los recursos digitales de una manera eficiente, uniforme y automatizada. Nuestro primer esfuerzo de implementación tomó alrededor de tres meses (casi dos meses de documentación/preparativos y poco más de un mes de implementación); en cambio, la implementación del protocolo del segundo repositorio OAI tomó menos de un mes. Esto confirma, de manera parcial, las aseveraciones de la literatura en cuanto a la relativa sencillez de implementación del protocolo OAI-PMH para un proveedor de datos.

Sin embargo, hay que tomar en cuenta otros factores, tales como: el conocimiento y experiencia previa del área en torno a las técnicas, herramientas y conceptos generales (metadatos, protocolos, terminología, arquitecturas, etc.) y también en cuanto al protocolo OAI-PMH. Otro factor importante es el nivel de infraestructura de información que se tenga en operación; es decir, no es lo mismo contar ya con un repositorio institucional donde sus recursos cuentan con todos los metadatos requeridos, así como el hecho de contar con una plataforma de software de soporte, que tener que afrontar el desarrollo de un nuevo repositorio o mejorar un repositorio muy deficiente en cuanto a la cobertura de los requerimientos mencionados con anterioridad.

Por lo anterior, sentimos que cobra cierto sentido compartir nuestras experiencias al respecto, presentando a manera de tutorial aquellos elementos que pueden servir de ayuda al momento de implementar los servicios del protocolo OAI-PMH en un repositorio de recursos educativos abiertos.

En cuanto a las limitantes encontradas y posible trabajo a futuro, tenemos que, el estándar DC Simple no contempla muchos de los atributos que contienen aquellos recursos digitales que son de naturaleza dinámica, móvil o multimedia, como es para el caso de nuestro segundo repositorio (Podcasts Educativos) que contiene fotos, iconos, correos electrónicos, links, comentarios, votos (*likes*), etc. Por ello, creemos que a futuro sería deseable definir un esquema DC-Calificado con vocabularios controlados específicos para este nuevo tipo de recursos digitales emergentes.

En Iberoamérica, según (Pesset et al, 2008), sólo existían 150 repositorios OAI en 2006 (Brasil con 42 repositorios, España 33, Portugal 8 y México 7), lo cual refleja un rezago en la región en cuanto a temas como e-Science, e-Journals, acceso abierto (REA) y la diseminación de información científica (Dorta-Duque, 2011). Por ello, sentimos que aún falta mucho por difundir, promover, investigar, innovar y desarrollar una nueva infraestructura y, sobretodo, una nueva cultura que promueva el nivel más alto de libertad que puede ofrecer un recurso educativo abierto, donde sea posible adaptar, modificar y combinar recursos educativos preservando las restricciones de sus licencias y la descripción de sus autores originales. Un caso reciente que puede aproximarse a brindar un soporte de nivel de libertad 1 (si excluimos los recursos con copyright) es la combinación del nuevo esquema de licenciamiento alternativo Creative Commons, que ha incorporado YouTube y su nuevo editor de video, que permite mezclar videos y música publicados bajo dicha licencia, para ofrecer así, en un solo portal, todas las herramientas necesarias para cargar, buscar, etiquetar, comentar, votar, editar y mezclar videos. Desafortunadamente, en el sector educativo aún no hemos logrado concebir y desplegar una infraestructura que permita soportar el nivel de libertad más elevado o las cuatro R de Wiley para promover de manera más real y efectiva la difusión, acceso libre y, sobre todo, la creación participativa de contenidos educativos.

Reconocimientos

El presente trabajo forma parte del proyecto "Podcasts Educativos" financiado por SINED y el proyecto Metaconector financiado por CUDI-CONACYT, así como las estancias académicas financiadas por el Programa de Fortalecimiento Docente y de Movilidad Estudiantil del ECEST.

Referencias

Alexander, M. L. y Gautam, J. N. (2004). *Interoperability and open archives initiative protocol for metadata harvesting (OAI-PMH)* (pp. 338-345). Presentado en CALIBER 2004, Nueva Delhi: INFLIBNET Centre. Recuperado de http://goo.gl/WH0Z8

Bissell, A. y Boyle, J. (2007). Towards a global learning commons: ccLearn. *Educational technology*, *4*(6), 5-9.

Burgos, V. (2011). *Programa informático. Plataforma OAIConnect.* ITESM.

Burgos, V. y Garza, A. (2011). *Documento de especificaciones. Cosechador de metadatos (OAI-PMH). Comité técnico del proyecto.* Recuperado de http://tiny.cc/kczmt

Caplan, P. (2003). *Metadata fundamentals for all librarians.* Chicago, EUA: American Library Association.

Carpenter, L. (2003). Main Technical Ideas of OAI-PMH» y «4. Implementing OAI-PMH. En *OAI for Beginners - the open archives forum online tutorial.* The open archives forum (OAF). Recuperado de http://www.oaforum.org/tutorial

Casserly, C. M. (2007). The economics of open educational resources. *Educational technology*, *4*(6), 14-19.

Cole, T. y Foulonneau, M. (2007). *Using the open archives initiative protocol for metadata harvesting.* Westport Conn.: Libraries Unlimited.

Creative Commons (2001). *Before licensing - CC Wiki.* Recuperado a partir de http://tiny.cc/kgil8

CUDI-CONACYT (2011). *Proyecto de Investigación. Metaconector de repositorios educativos para potenciar el uso de objetos de aprendizaje y recursos educativos abiertos: mejores prácticas.* México: CUDI-CONACYT.

Dorta-Duque Ortiz, M. E. y Babini, D. (2011). *Iniciativas regionales multidisciplinarias de acceso abierto a la producción científica de América Latina y el Caribe – contribución a la investigación interdisciplinaria en las ciencias sociales.* Presentado en IFLA 2011. Recuperado de http://tiny.cc/8ucdj

Duke, M. y Hunter, P. (2004). OAI and OAI-PMH for absolute beginners : a non-technical introduction. Presented at the CERN Workshop on Innovations in scholarly communication : implementing the benefits of OAI (OAI3), CERN (Geneva, Switzerland). Recuperado de http://tiny.cc/emxth

educonector.info (2011). *Portal web educonector.info.* Recuperado de http://educonector.info

Engard, N. (Ed.). (2009). *Library mashups : exploring new ways to deliver library data.* Medford N.J., EUA: Information Today Inc.

ExpoVision (2003). *Repositorio digital abierto. ExpoVision: acervo de presentaciones basadas en filminas tipo páginas Web.* México: Instituto Tecnológico de Chihuahua. Recuperado de http://expo.itch.edu.mx

Foulonneau, M. y Riley, J. (2008). *Metadata for digital resources : implementation, systems design and interoperability*. Oxford: Chandos.

Geser, G. (2007). *Open educational practices and resources: OLCOS Roadmap 2012*. Salzburg: Open learning content observatory services.

Hylén, J. (2007). *Giving knowledge for free : the emergence of open educational resources*. Paris, Francia: OECD.

Lagoze, C., Van de Sompel, H., Nelson, M. y Warner, S. (2002). *Open archives initiative - protocol for metadata harvesting - v.2.0.* Recuperado de http://tiny.cc/e8g8z

Lagoze, C., Van de Sompel, H., Nelson, M. y Warner, S. (2005). *Open archives initiative - protocol for metadata harvesting - implementation guidelines*. Recuperado de http://tiny.cc/71u0v

OAI (2011). *Registered OAI data providers. Open archives initiative.* Recuperado de http://www.openarchives.org/Register/BrowseSites

OER Commons (2010). *Why OER?* OER commons wiki. Recuperado de http://tiny.cc/nuqia

OER IPR (2010). *OER licensing starter pack.* Recuperado de http://tiny.cc/nsazy

Open Archives Initiative (2005). *Data provider registration.* Recuperado de http://tiny.cc/72alr

Open Society Institute (2007). *The Cape Town open education declaration. Cape Town: Open Society Institute and the Shuttleworth Foundation.* Recuperado de http://tiny.cc/454tq

Pal, J. K. (2010). Metadata initiatives and emerging technologies to improve resource discovery. *Annals of Library and Information Studies*, *57*(1), 44-53. Recuperado de http://tiny.cc/g9sdj

Palmer, C. L., Zavalina, O. L. y Mustafoff, M. (2007). Trends in metadata practices: a longitudinal study of collection federation. *Proceedings of the 7th ACM/IEEE-CS joint conference on Digital libraries*, JCDL '07 (pp. 386–395). New York, NY, EUA: ACM. doi:10.1145/1255175.1255251

Peset, F., Ferrer, A. y Baiget, T. (2008). *Impact of OAI protocol in Spain, Portugal and Latin America*. Presentado en Third international conference on open repositories 2008, Southampton, Reino Unido. Recuperado de http://pubs.or08.ecs.soton.ac.uk/53

Podcast Media Player (2011). *Prototipo repositorio digital abierto. Podcast media player: reproductor de podcasts multimedia.* Diseño: Alberto Pacheco. Desarrollo: Lab. Aprendizaje Móvil ITCH, UAEM, UTCH, SINED. Recuperado de http://podcast.itch.edu.mx/html5

Reese, T. y Banerjee, K. (2008). *Building digital libraries : a how-to-do-it manual*. Nueva York, EUA: Neal-Schuman publishers.

Smith, M. S. y Wang, P. M. (2007). The infrastructure of open educational resources. *Educational technology*, *4*(6), 10-14.

SINED (2011). *Proyecto de investigación. Podcasts Educativos.* México: Sistema Nacional de Educación a Distancia (SINED). Recuperado de http://podcast.itch.edu.mx/html5

Sociedad Max Planck. (2003). La declaración de Berlín sobre acceso abierto. *GeoTrópico*, *1*(2), 152-154. Recuperado de http://tiny.cc/dtubk e

Stallman, R., Lessig, L. y Free Software Foundation (2010). *Free software, free society: selected essays of Richard Stallman*. Boston, MA, EUA: Free Software Foundation. Recuperado de http://www.gnu.org/doc/fsfs-ii-2.pdf

Wiley, D. y Gurrell, S. (2009). A decade of development.... *Open learning: the journal of open, distance and e-learning*, *24*(1), 11-21. doi:10.1080/02680510802627746

Wikipedia. (2010). *Metadata: copyright, resource description framework, transclusion, dublin core, filename extension, data element, creator code, type code*. Memphis, Tennessee, EUA: Books LLC. Recuperado de http://booksllc.net/?id=5278

Wittenbrink, H. (2005). *RSS and Atom understanding and implementing content feeds and syndication*. Birmingham, Inglaterra: Packt Pub.

REGRESAR AL ÍNDICE

Implementación de algoritmos para la construcción de proveedores de datos OAI

Oscar Beltrán Gómez
Universidad Tecnológica de Chihuahua (UTCH)
obeltran@utch.edu.mx

El avance acelerado de la tecnología y de internet propicia el surgimiento de nuevos y mejores medios de divulgación; sin embargo, esto genera información dispersa y por lo tanto, hasta cierto punto, aislada, lo que implica un considerable esfuerzo de búsqueda para extraerla. La web semántica (WS) propone las actividades y tecnologías para describir los recursos de la web con representaciones procesables; es decir, con descriptores explícitos o metadatos sobre el significado de esos recursos para que las máquinas puedan entender lo que la web contiene. Es entonces que la Iniciativa de archivos abiertos u OAI, en congruencia con la WS, aborda el problema de la dispersión de recursos y documentos en Internet implementando un protocolo de recolección de datos. En este capítulo se presenta una introducción a la OAI con una serie de algoritmos para la construcción de nodos OAI en su carácter de protocolo recolector de metadatos o PMH. El capítulo también propone el desarrollo de una Interface Gráfica de Usuario (GUI) cliente que extraiga y genere los metadatos de cualquier recurso que pretenda ser publicado en Internet. El patrón propuesto para el diseño de los nodos e interface gráfica de usuario es el modelo-vista-controlador (MVC) en lenguajes y tecnologías como: AngularJs, PHP Slim Framework, MySQL y el motor de plantillas smarty en arquitecturas orientadas al servicio como REST (Representational State Transfer). Al final se describe brevemente la validación del servicio.
Palabras clave: web semántica, OAI-PMH, acceso abierto, algoritmos, modelo vista controlador (MVC), validación.

Implementation of algorithms for the construction of OAI data providers

The accelerated development of technology and internet fosters the arising of new and better communications broadcasts. Nevertheless, all of this produces so many dispersed and isolated information which implies time consuming when downloading. The Semantic Web (SW, in Spanish WS) proposes the activities and technologies to describe the resources of web through processables representations, say, with explicit descriptors or "metadata" over the meaning of these resources that makes equipment's decode what the web contains. Then is when the Open archive initiative, also named OAI, in accordance with the WS tackles the problem of the resources and documents dispersal on internet implementing a data collection protocol. On this chapter an introduction on OAI is presented with a set of algorithm for OAI node construction as a Protocol for Metadata Harvesting (OAI-PMH). A Graphic User Interface (GUI) is also proposed which collects and produces metadata on any resource that aspires to be published on internet. The proposed pattern for the designing of nodes and the User Graphic Interface is the Model-View Controller (MVC) on languages and technologies such as: AngularJs, PHP Slim Framework, MySQL and the Smarty templates engine on guided architectures focused on the REST (Representational State Transfer). At the end of this chapter the service validation is briefly described.
Keywords: semantic web, OAI-PMH, open access, algorithms, model-view-controller (MVC), validation.

Introducción

El desarrollo tecnológico incansable y la velocidad de internet suscitan el surgimiento de nuevos medios de divulgación y la Web 2.0 propicia una plataforma para la creación y uso de esos modelos de publicación como alternativas a los modelos tradicionales (Torres y Delgado, 2009).

En contraste con los modelos típicos e impresos, hoy en día tenemos alternativas para publicar y divulgar trabajos de investigación en sitios institucionales o personales, blogs, ebooks, memorias de congresos, revistas online e incluso redes sociales (Torres y Delgado, 2009). El problema es que esto también genera información aislada, con poca visualización y, sobre todo, dispersa en internet, lo que se traduce en un gran esfuerzo para obtenerla.

La World Wide Web Consortium (W3C) atiende este aspecto desde finales de los noventa (Castell, 2005), con lo que ahora se conoce como la Web Semántica (WS). Este concepto proporciona un conjunto de actividades, tendencias y tecnologías que permiten publicar representaciones procesables sobre el significado de esos recursos para ser legibles entre aplicaciones en internet.

El propósito fundamental es lograr que las máquinas puedan entender y, por tanto, utilizar lo que la web contiene al añadirle estos metadatos semánticos. Esa información adicional es la que describe el contenido, el significado y la relación de los recursos.

En congruencia con la WS, la Iniciativa de Archivos Abiertos u OAI (por sus siglas en inglés) aborda y soluciona el problema de la dispersión de los documentos en múltiples depósitos temáticos y/o revistas individuales en la web (SEDIC, 2013), con la implementación de un protocolo de recolección de datos sobre cualquier material almacenado en forma electrónica para su posterior publicación en internet.

Esta iniciativa, que data desde 1999 en la Convención de Santa Fe California (OAI, 2013; Van de Sompel y Lagoze, 2000), ya ha sido aceptada e implementada por varias universidades alrededor del mundo en forma de "sistemas de información documental" (SID). Actualmente podemos ver una lista de las instituciones que ya publican sus trabajos de esta forma en www.openarchives.org/Register/BrowseSites

En países como España, las principales plataformas de acceso abierto (OA): DOAJ, PLoS, PUBMED, BioMed Central y SciELO) dan acceso a un importante número de publicaciones con "factor de impacto" (IF) y permiten incrementar su visualización.

En México, el proyecto Educonector (http://educonector.info) emplea la arquitectura y filosofía de OAI en su compromiso de crear un "Buscador de recursos educativos abiertos (REA) y objetos de aprendizaje (OA), para facilitar la educación a través de la distribución y el acceso abierto del conocimiento" (Educonector, 2011).

En este sitio, lanzado en octubre del 2011, participan: el Tecnológico de Monterrey (ITESM), la Universidad de Guadalajara, la Universidad de Montemorelos (UM), el Instituto Tecnológico de Chihuahua (ITCH) y la Universidad Autónoma de Guadalajara (UAG), con la ayuda y patrocinio del CUDI (Corporación Universitaria para el Desarrollo de Internet) y del Consejo Nacional de Ciencia y Tecnología (Conacyt).

Lo anterior es muestra de la gran aceptación de esta iniciativa. Es por ello que deseamos exponer en este trabajo una serie de algoritmos y tecnologías para la implementación de este protocolo en su carácter de proveedor de datos u OAI-PMH.

Protocolos SID

La información generada por los SID es representada como objetos o registros procesables. En los SID la capacidad de interoperar entre ellos está dada por el uso de protocolos de transferencia (Guajardo, 2010).

Estas reglas y normas, que permiten que dos o más entidades se comuniquen, definen la sintaxis, semántica y sincronización de la comunicación. Hoy son numerosos los protocolos desarrollados a través de los años para los SID:

- Z39.50
- Simple digital library interoperability protocol (SDLIP)
- OAI (open archives protocol)
- Guildford protocol
- Dienst protocol
- ZING SRU/W
- Starts (Stanford protocol proposal for internet retrieval and search)
- Dienst protocol
- Lyceum protocol
- Harvest: a distributed search system

Sin embargo, solo los protocolos Z39.50 (Z39.50 Gateway to Library Catalogs) y el OAI-PMH se han consolidado internacionalmente. El protocolo OAI es simple con el fin de una mínima complicación para las instituciones que deseen implementarlo, en contraste los protocolos como el "Z39.50", que cuentan con una funcionalidad más completa al tratar cuestiones relacionadas con manejo de sesiones y gestión de conjuntos de resultados; sin embargo, esta funcionalidad acarrea un incremento en la complejidad de la implementación.

Roles y protocolos OAI

Actualmente, la OAI cuenta con dos vertientes de proveedor de datos (PD) u OAI-PMH y proveedor de servicio (PS) u OAI-ORE (Object Reuse and Exchange).

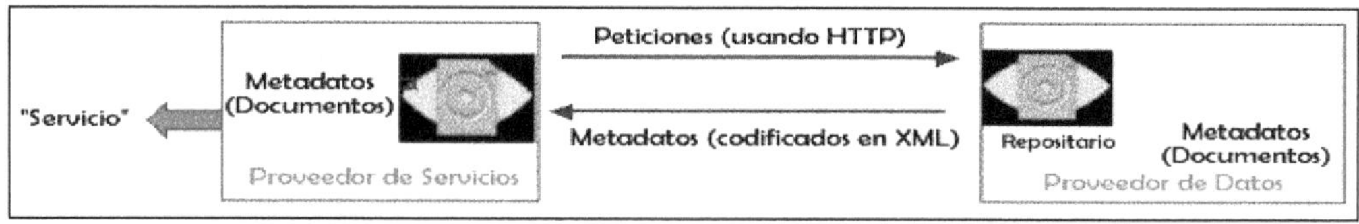

Figura 5.1. Diagrama de interacción HTTP entre los proveedores de datos y de servicios.

Los PD contienen los metadatos de los recursos a publicar en internet; es decir, los nombres, temas y grupos de los recursos. Los PS extraen esos metadatos y los usan para brindar y ofrecer un servicio de búsqueda (Maslov, Mikeal, Phillips, Leggett y McFarland, 2010). Para la publicación de los metadatos se pueden usar varios formatos: MARC (Library of Congress, 2012), OLAC (Bird y Simons, 2001; OLAC, 2011) y Dublin Core (Hillmann, 2005). Este último es el que se emplea en este proyecto.

El protocolo HTTP

El protocolo OAI trae consigo el uso de otros protocolos, como el HTTP (Hypertext Transfer Protocol). Este servicio utiliza el mismo mecanismo que carga las páginas web en los navegadores, empleando los métodos GET y POST (Fielding et. al., 1999), comandos propios del protocolo HTTP que son los encargados de atender las solicitudes hechas por los PS hacia los PD (figura 5.1). Sin embargo, las respuestas de este servicio no son devueltas en formato HTML (HyperText Markup Language) sino en XML (Extensible Markup Language).

Los métodos GET y POST establecen y asignan valores en forma de parámetros; sin embargo, la asignación varía de forma considerable. El primero envía sus parámetros usando la barra de direcciones; mientras que el segundo los incluye en la solicitud del recurso y no en la barra de direcciones. A continuación, en la figura 5.2, se muestra una solicitud GET.

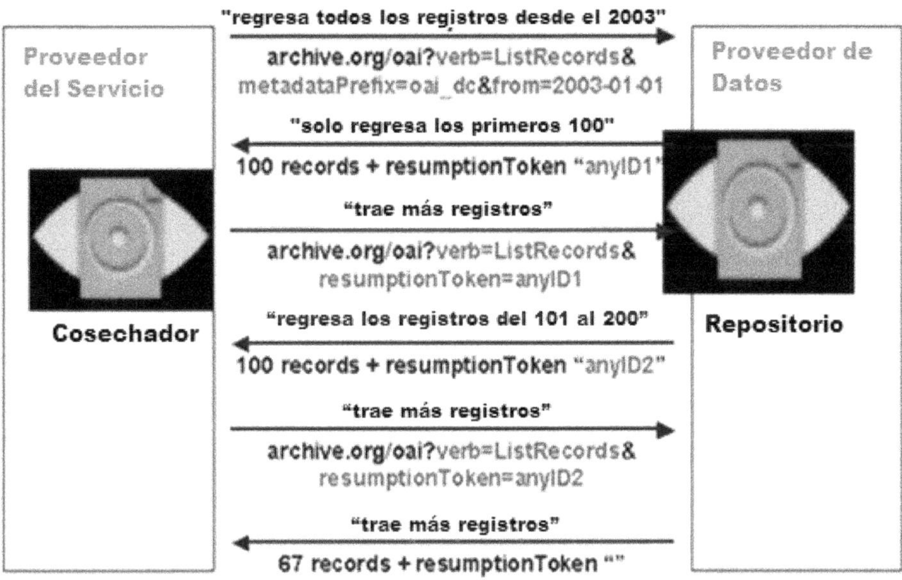

Figura 5.2. Diagrama de interacción PS-PD.

La dirección http://edoc.hu-berlin.de/OAI-2.0?verb=ListIdentifiers&metadataPrefix=oai_dc es un ejemplo HTTP usando el método GET, en donde advertimos que a partir del símbolo de interrogación "?" se establecen los parámetros de entrada con sus respectivos valores separados por el símbolo "&"

El protocolo OAI-PMH

El protocolo OAI-PMH, justo el tema de este capítulo, establece seis acciones o como el protocolo los llama, seis verbos básicos (Barrueco y Subirats, s.f.): Identify, GetRecord, ListIdentifiers, ListRecords, ListSets y ListMetadataFormats. Cada uno tiene, además de una función, parámetros determinados para una identificación precisa de la información de los recursos expuestos.

El diagrama de la figura 5.2 muestra cómo los verbos propician la interacción entre los proveedores de datos y de servicios (Smith y Nelson, 2008).

No hay que olvidar que el protocolo OAI expone los metadatos de temas, nombres e información de recursos y material almacenado en forma electrónica para localizarlos en la red. Es necesario, entonces, contar con esos recursos disponibles también en internet.

La implementación

La implementación es, precisamente, el desarrollo de cada uno de los verbos que define el protocolo, ya que los buscadores o proveedores de servicio se comunican a través de ellos para la recolección de los metadatos.

El patrón de diseño MVC

Para la codificación de los algoritmos encargados de cada verbo se propone el uso del patrón de diseño Modelo Vista Controlador (MVC), que separa el desarrollo de la aplicación en tres capas: el modelo de los datos, la vista o la forma de cómo serán desplegados esos datos y el controlador, es decir, de la lógica que maneja la aplicación (Zend, 2013).

El *front controller*

En este punto es evidente la necesidad de identificar que exista la solicitud de un verbo o acción; para ello se implementa un "front controller" o "controlador frontal", el cual valida dicha solicitud al preguntar por el parámetro "verb" y su contenido "no nulo". En caso contrario, la acción por defecto será un error (figura 5.3, líneas 13 y 14).

El parámetro "verb" es parte básica de la interacción OAI y el controlador frontal lo utiliza para asegurar que la solicitud corresponda a uno de los verbos en cuestión (CALnet, 2013).

```
// archivo oai.php
1: <?php
2: require_once './conf/oai.conf.php'; //Cargamos la Configuración
3: $controlador = getParam('verb');
4:
5: //Formamos la ruta del archivo del verbo a accionar
6: $ruta_controlador = $carpetaVerbos . $controlador . '.php';
7:
8: //Incluimos el controlador y llamamos la accion
9: if(  is_file ($ruta_controlador) && (require_once $ruta_controlador)
       &&
       is_callable ($controlador.= "_action")
     )
10:      $controlador();
11: else
12: {
13:   require_once "./errors/badVerb_error.php";
14:   error_action();
15: }
16:
17: ?>
```

Figura 5.3. Código fuente del front controller.

En la figura 5.3, línea 9 se pregunta si la solicitud http://nombre-dominio/oai.php?verb=Identify corresponde a:

- Un archivo que implemente un verbo is_file ($ruta_controlador) para después requerirlo con la sentencia require_once $ruta_controlador y además
- que contenga la función adecuada para accionar el verbo con la llamada a is_callable($controlador.= '_action').

Solo después de este proceso la sentencia if del archivo "oai.php" llamará la función controlador(), esto realmente hace referencia a la función identify_action().

El código presentado en la figura 5.4 configura la ruta de los archivos que contienen las acciones o verbos.

```
// archivo oai.conf.php

<?php
        $carpetaVerbos = "verbs/";
        require_once ('./libs/Smarty.class.php'); // Instalación Smarty

        function getParam( $name )
        {
          return ($_SERVER["REQUEST_METHOD"]=="GET"? $_GET[$name] :
                                                     $_POST[$name]);
        }

?>
```

Figura 5.4. Código para la configuración.

El verbo "Identify" es válido al encontrarse un archivo con ese nombre y cuando ese archivo contiene una función controlador que genere una respuesta (figura 5.5, línea 2). Si cualquiera de los puntos anteriores no se cumplieran, se procedería a cargar el controlador de error (figura 5.3, líneas 13 y 14).

El error badArgument se refiere a que el verbo solicitado no existe y solo se presenta cuando la solicitud no corresponde a un verbo.

```
<?php
function identify_action()
{
    $smarty = new Smarty;

    $smarty->assign("repositoryName", "Repositorio de Objetos OAI",
    true);
    $smarty->assign("protocolVersion", "2.0", true);
    $smarty->assign("adminEmail", "obeltran@utch.edu.mx", true);
    $smarty->assign("deletedRecord", "persistent", true);
    $smarty->assign("granularity", "YYYY-MM-DDThh:mm:ssZ", true);
    $smarty->assign("compression1", "no", true);
    $smarty->assign("compression2", "deflate", true);

    $smarty->display('../templates/verbs/identify.tpl');
} ?>
```

Figura 5.5. Código fuente del controlador "Identify" (Identify.php).

Para que el controlador frontal pueda encontrar y cargar los verbos es necesaria una estructura de directorios y archivos como la que se muestra en la figura 5.6.

```
\oai\
   |
   |_oai.php
   |
   |_verbs\
        |
        |_GetRecord.php
        |_Identify.php
        |_ListIdentifiers.php
        |_ListMetadataFormats.php
        |_ListRecords.php
        |_ListSets.php
```

Figura 5.6. Estructura de directorios y archivos.

La implementación de los verbos

La implementación de los verbos se puede dividir en dos categorías (Nelson, Van de Sompel, Xiaoming, Harrison y McFarland, 2005). La primera define a los verbos que arrojan información de la aplicación y la segunda se encarga de exponer la información pertinente de los recursos a compartir.

En la primera categoría se incluye información de la aplicación, como nombre del servidor, versión del protocolo usado y tipos de formato, así como los verbos "Identify", "ListSets" y "ListMetadataFormats". En la segunda se incluyen los verbos "GetRecord", "ListIdentifiers" y "ListRecords". El verbo "Identify" es usado, entre otras cosas, para validar y registrar la aplicación como proveedor de datos en el sitio oficial. El registro toma el correo electrónico descrito en este verbo para pasar la validación inicial. El verbo "Identify" es el primero que se debe codificar.

La vista

Para desplegar la información manejada por cada verbo, hemos empleado un manejador de plantillas llamado Smarty. A las plantillas creadas por el Smarty se les pasa un “modelo de datos”. Este modelo puede ser un arreglo asociativo o una sola variable y esto cubre las variables definidas “rellenando” de esta forma la plantilla para posteriormente desplegarla (figura 5.7, líneas 4 a 15). Los verbos “Identify” y “ListMetadataFormats” manejan información, hasta cierto punto, estática. Por tanto no se ocupa un modelo asociativo, sino que la información se asigna directamente (figura 5.5, líneas 6 a 12).

```
 1: <?php    require_once('./models/fnc_asociativo.php');
 2:  function listidentifiers_action()
 3:  {
 4:     $smarty = new Smarty;
 5:     if ($_GET['metadataPrefix'] == 'oai_dc') {
 6:        $smarty->assign('ListIdentifiers', fnc_assoc(
                                         "SELECT * FROM listidentofiers;" ) );
 7:        $smarty->display('../templates/verbs/ListIdentifiers.tpl');
 8:     }
 9:     else
10:        $smarty->
           display('../templates/errors/ErrorListIdentifiers.tpl');
11: }?>
```

Figura 5.7. Código fuente del controlador “ListIdentiers” (ListIdentifiers.php).

El uso de plantillas agrega funcionalidades deseables: mostrar la hora en el formato requerido (figura 5.8, línea 6) o resolver el nombre y ruta del sitio (figura 5.8, línea 9). Cuando los datos están “colocados” en la plantilla es llamado el método *display* (figura 5.7 línea 10) para ser desplegada.

```
 1: <?xml version="1.0" encoding="UTF-8"?>

 2: <OAI-PMH xsi:schemaLocation="http://www.openarchives.org/OAI/2.0/
 3:                               http://www.openarchives.org/OAI/2.0/OAI-
 4:    PMH.xsd">
 5:     <responseDate>
 6:          {$smarty.now|date_format:"%Y-%m-%dT%H:%M:%SZ"}
 7:       </responseDate>
 8:     <request verb="Identify">
 9:                http://{$smarty.server.SERVER_NAME}{$SCRIPT_NAME}
10:       </request>
11:
12:     <Identify>
13:         <repositoryName>
14:               {$repositoryName}
15:         </repositoryName>
```

```
            <baseURL>
                http://{$smarty.server.SERVER_NAME}{$SCRIPT_NAME}
             </baseURL>
            <protocolVersion>{$protocolVersion}</protocolVersion>
            <adminEmail>{$adminEmail}</adminEmail>
            <earliestDatestamp>
                    {$smarty.now|date_format:"%Y-%m-%dT%H:%M:%SZ"}
             </earliestDatestamp>
            <deletedRecord>{$deletedRecord}</deletedRecord>
            <granularity>{$granularity}</granularity>
            <compression>{$compression1}</compression>
            <compression>{$compression2}</compression>
        </Identify>
</OAI-PMH>
```

Figura 5.8. Plantilla del verbo "Identify" (identify.tpl).

El modelo

El verbo ListIdentifiers pertenece a la segunda categoría. Se centra en la recuperación de los recursos a publicar; por tanto, ocupa un modelo que alimente a la plantilla.

Se maneja una variable llamada "ListIdentifiers" que es la que contendrá el arreglo asociativo (modelo) devuelto por la función fnc_assoc (figura 5.9, líneas 1 y 2).

```
1:  $smarty->assign('ListIdentifiers',fnc_assoc("SELECT * FROM
 2:  listidentofiers;"));
```

Figura 5.9. Asignación del arreglo asociativo.

Como en este proyecto se emplea el motor MySQL para el almacenamiento de la información de cada recurso y se requiere una serie de tablas y vistas capaces de almacenar y exponer los metadatos de los recursos a publicar, se sugiere congruencia en los nombres de las columnas entre vistas y plantillas, ya que de esos nombres se generará el arreglo asociativo del modelo. También se recomienda el uso de vistas en lugar de una interacción directa con las tablas.

Las vistas agregan *performance* a las búsquedas, además, la interacción con el servicio PD no involucra ningún tipo de modificación.

El cliente

Ya que los descriptores y metadatos se deben proporcionar de manera formal, para que sea posible la búsqueda, evaluación y discriminación automática de los mismos recursos, se propone el desarrollo de un Interface Gráfica de Usuario (GUI) cliente que procure tal efecto.

Se recomienda, en congruencia con la implementación MVC en Php del PD OAI, emplear lenguajes y arquitecturas web, como Javascript y REST, para el desarrollo del GUI. AngularJs (angularjs.org) y Slim Framework (slimframework.com/) de Php proporcionan una implementación sencilla en este caso.

El propósito de esta aplicación cliente se puede ver como un Altas, Bajas, Cambios y Consultas (ABC) de los recursos que pueden publicar o exponer los proveedores de datos (PD).

AngularJs es un framework Javascript que emplea el MVC como parte integral de su modelo de desarrollo. A grandes rasgos lo hace incorporando una variable de ambiente llamada $scope. Esta variable funge como "pegamento" entre el código HTML, en este caso la "vista" y el código Javascript, que a su vez representa el "controlador"; mientras que el "modelo" está presente entre el HTML y el Javascript. En la figura 5.10, líneas 2, 3 y 6 se presenta un ejemplo de cómo el modelo de datos está implícito en la vista.

```
1:<h3>Information</h3>
2:<p>Name: <input type="text" ng-model="resource.name"></p>
3:<p>URL:  <input type="text" ng-model="resource.url"></p>
4:
5:<br>
6:<button ng-click="save()">Add</button>
7:<hr>
```

Figura 5.10. Modelo de datos implícito en el HTML.

Es oportuno mencionar que la función "add()" es también parte del modelo. En contraste, el código escrito en Javascript debe utilizar la variable $scope para accesar al modelo (figura 5.11, líneas 1, 6 y 8).

```
1:  $scope.resource=
2:  $routeParams.id ?
3:                    Project.get({id: $routeParams.id}) :
4:                    new Resource ();
5:
6: $scope.save = function()
7:  {
8:    $scope.resource.$save();
9:  }
```

Figura 5.11. Código Javascript.

AngularJs incorpora los mecanismos para el envío y recepción de información con el módulo "$recurce". La inyección de este módulo se puede ver en la figura 5.12, línea 1.

```
1: resourceApp.factory ( 'Resource', [ 'RestFull', function( $resource )
2:       { return $resource( 'rest/resources/:id', {} ); }
3:    ]
4:);
```

Figura 5.12. Configuración del módulo "Resouce".

La configuración del "recurso" depende de la asociación de los métodos "http" a utilizar y al igual que la arquitectura REST cuenta con asignaciones de los comandos: save en el método POST, update en el método PUT, query en el método GET y delete en el método DELETE por defecto (Valverde, 2009).

Ahora el comportamiento de la aplicación cliente se puede resumir en:

- Al cargarse la página se genera el "modelo"; es decir, el objeto que contendrá los datos del recurso (figura 5.10, líneas 2, 3 y 6) junto con la función "add()" en el click del botón.
- Dado el acceso dual a las variables contenidas en el $scope al momento de cambio en cualquiera de los textos definidos en el HTML, se propagará hasta el código Javascript.
- Al momento del click en el botón de salvar o agregar, ya con el modelo actualizado, accionará el método por defecto "save" para enviar la información, en notación JSON(json.org) hacia el servidor.

La contraparte de esta aplicación es un servidor esperando el envío de información para ser almacenada justo en la misma base de datos, de la cual se apoya el proveedor de datos OAI.

La implementación del servidor para las operaciones de buscar (uno o muchos) y agregar constaría entonces del siguiente código fuente (figura 5.13).

```
<?php

require 'Slim/Slim.php';

$app = new Slim();

$app->get('/resource', 'getResources');
$app->get('/resource/:id', 'getResource');
$app->post('/resource', 'addResource');

$app->run();


function getResources() {
        $sql = "select * from resources";

        try {
                $db = getConnection();
                $stmt = $db->query($sql);
                $resources = $stmt->fetchAll(PDO::FETCH_OBJ);
                $db = null;
                echo json_encode($resources);
        } catch(PDOException $e) {
                echo '{"error":{"text":'. $e->getMessage() .'}}';
        }

}

function getResource($id) {
```

```
        $sql = "select * from resources WHERE id=:id;";

        try {
                $db = getConnection();
                $stmt = $db->prepare($sql);
                $stmt->bindParam("id", $id);
                $stmt->execute();
                $resource = $stmt->fetchObject();

                $db = null;

                echo json_encode($resource);

        } catch(PDOException $e) {
                echo '{"error":{"text":'. $e->getMessage() .'}}';
        }
}

function addResource() {
        $request = Slim::getInstance()->request();
        $resource = json_decode($request->getBody());
        $sql = "INSERT INTO projects (name, url) VALUES (:name, :url)";

        try {
                $db = getConnection();
                $stmt = $db->prepare($sql);
                $stmt->bindParam("name", $resource->name);
                $stmt->bindParam("url", $resource->url);

                $stmt->execute();
                $resource->id = $db->lastInsertId();
                $db = null;

                echo json_encode($resource);

        } catch(PDOException $e) {
                echo '{"error":{"text":'. $e->getMessage() .'}}';
        }
}
```

Figura 5.13. Código fuente REST del servidor.

El Slim Framewok implementa aplicaciones web basadas en rutas. En la figura 5.13 (líneas 7 a 9) podemos ver la asignación de la ruta /resource a la función getResources.

Es evidente que una aplicación de esta índole contendrá un comportamiento específico para cada ruta. Un ejemplo completo de la aplicación GUI cliente con su respectivo servidor está disponible en: https://github.com/oscarbego/AngularJs_ngResource_SlimPhp

Validación OAI

La OAI cuenta con una herramienta para validar y registrar a los PD. En la dirección http://www.openarchives.org/data/registerasprovider.html podemos encontrar los pasos para registrar o validar nuestra aplicación PD.

Una vez que se escriba la dirección en Internet de nuestra PD y presionar el botón de *submit*, la aplicación "OAI Register As Provider" (OAI-RAP) validará el verbo "Identify" buscando, entre otras cosas, la descripción de la etiqueta "adminEmail". El OAI-RAP identificará entre los datos, la dirección de correo electrónico y enviará un mensaje con los pasos para terminar la validación. En caso de errores se tendrá que ingresar de nuevo al "OAI-RAP" para reiniciar la validación.

Conclusiones

La Web Semántica propone describir los recursos de la web con representaciones procesables; es decir, entendibles no solo por personas, sino por programas que puedan asistir a las personas en tareas rutinarias. Esta tecnología busca desarrollar una web más cohesiva y donde resulte más fácil localizar, compartir e integrar información y servicios.

Aunque la Web Semántica pauta mucho del comportamiento de los proveedores OAI, es por sí mismo un protocolo de recopilación que implementa búsquedas distribuidas de metadatos para, posteriormente, brindar un servicio al exponerlos en internet.

Los investigadores e instituciones educativas pueden considerar a la OAI como la plataforma de entrada para exponer sus contenidos en acceso abierto. Sin embargo, se debe de contar primero con los mecanismos para que los PS puedan buscar y exponer esos recursos.

Los descriptores o metadatos se debe proporcionar de manera formal para que sea posible la búsqueda, evaluación y discriminación automática de los mismos recursos.

Aunque los algoritmos presentados en este trabajo son capaces de validar un sitio proveedor de datos, estos deberán usarse solo para explicar el funcionamiento del protocolo OAI-PMH y como base para implementaciones más robustas.

La OAI resulta un buen instrumento para demostrar a los autores la utilidad de poner sus trabajos en abierto; sin embargo, es necesario revisar sus objetivos y audiencias de acuerdo con la filosofía del acceso abierto para "maximizar el impacto al maximizar la difusión".

Referencias

Barrueco, J.M. y I.S. Coll (2003). *OAI-PMH: protocolo para la transmisión de contenidos en internet. E-LIS.* Recuperado de http://eprints.rclis.org/bitstream/10760/4093/1/cardedeu.pdf

Bird, S. y G. Simons. (2001). *The OLAC metadata set and controlled vocabularies.* Proceedings of the ACL 2001 Workshop on Sharing Tools and Resources, pp. 27–38.

Buscador de recursos educativos abiertos (REA) y objetos de aprendizaje (OA). (s/f). Recuperado de http://educonector.info

Castells, P. y C. Bravo (2005). *Sistemas interactivos y colaborativos en la web. El profesional de la información.* Colección Ciencia y Técnica 47. España: Ediciones de la Universidad de Castilla-La Mancha,

Error and Exception Conditions. The open archives initiative protocol for metadata harvesting (s/f). Recuperado de http://www.openarchives.org/OAI/openarchivesprotocol.html#ErrorConditions

Fielding et. al. (s/f). *RFC 2616 part of Hypertext Transfer Protocol -- HTTP/1.1. The world wide web consortium.* Recuperado de http://www.w3.org/Protocols/rfc2616/rfc2616-sec9.html

Guajardo, A. (nov. 2010). *Z39.50 y OAI-PMH: Protocolos de transferencia y recuperación de información.* XV Conferencia Internacional de Bibliotecologia "Panorama de las bibliotecas y la información en el bicentenario".

Hillmann, D. (dic. 2005). *Using Dublin Core.* Recuperado de http://dublincore.org/documents/usageguide/

Implementing OAI-PMH (s/f). Recuperado de http://www.oaforum.org/tutorial/english/page4.htm

Marc Standards, Librarian of Congress (s/f). Recuperado de http://www.loc.gov/marc/marcspa.html

Maslov, A. et. al. (2010). Adding OAI-ORE Support to repository platforms. *Journal of digital information 11*(1). Recuperado de http://journals.tdl.org/jodi/index.php/jodi/article/view/749/640

Nelson, M. et. al. (2005). mod_oai: an apache module for metadata harvesting. Cornell University Library. Recuperado, de http://arxiv.org/ftp/cs/papers/0503/0503069.pdf

OLAC (s/f). Recuperado de http://www.language-archives.org/

Open Archives Initiative (s.f.). *Open archives initiative.* Recuperado de http://www.openarchives.org/

SEDIC (s/f). *La iniciativa de ficheros abiertos (OAI): protocolo OAI-PMH, proveedores de datos, proveedores de servicios.* Recuperado de http://www.sedic.es/autoformacion/acceso_abierto/4-iniciativa-ficheros-abiertos.html

Smith, A. J. y M. L. Nelson (feb. 2008). Creating preservation-ready web resources. *D-Lib Magazine, 14*(1/2), DOI: 10.1045. Recuperado de http://www.dlib.org/dlib/january08/smith/01smith.html

Torres, D. y E. Delgado (2009). Estrategia para mejorar la difusión de los resultados de investigación con la Web 2.0. *El profesional de la información, 8*(5), 534-539.

Valverde, F. y O. Pastor (2009). Dealing with REST services in model-driven web engineering methods. V jornadas científico-técnicas en servicios web y SOA. Madrid, España, pp. 243-250. Recuperado de http://www.inf.udec.cl/~adweb/docs/ecweb2009/ValverdePastor_JSWEB09.pdf

Van de Sompel, H. y C. Lagoze (feb. 2000). *The Santa Fe Convention of the OAI. D-Lib Magazine 6*(2). doi 10.1045. Recuperado de http://www.dlib.org/dlib/february00/vandesompel-oai/02vandesompel-oai.html

Z39.50 Gateway to library catalogs (s/f). Recuperado de http://www.loc.gov/z3950/

Zend framework & MVC introduction programmer's reference guide (s/f). Recuperado de http://framework.zend.com/manual/en/learning.quickstart.intro.html

REGRESAR AL ÍNDICE

ACERCA DE LOS AUTORES

Coordinadores

Dr. Fernando Jorge Mortera Gutiérrez (Escuela de Graduados en Educación-Tecnológico de Monterrey - ITESM). Es licenciado en Antropología Social (ENAH/ INAH); realizó estudios de maestría en Ciencias Sociales, con especialidad en Socio-Demografía (FLACSO/UNESCO) y estudios de doctorado en Educación, con especialidad en Desarrollo Educacional de Recursos Humanos (Texas A&M University). Cuenta además con estudios en diversos diplomados en educación a distancia por el Center for Distance Learning Research, de la Texas A&M University y por el ILCE (Instituto Latinoamericano de Comunicación Educativa). Tiene certificación como Facilitador en "Project Oriented Learning" (POL) (Aprendizaje Orientado a Proyectos) por la Universidad de Twente, Holanda y por la Vicerrectoría Académica del Tecnológico de Monterrey (ITESM). Sus áreas de especialidad son en diseño instruccional, tecnología educativa, estrategias de aprendizaje a distancia, formación y capacitación de recursos humanos y educación de adultos. Con especial énfasis en blended learning (Aprendizaje Combinado). Cuenta con 18 años de experiencia en educación a distancia como profesor Titular y tutor y 25 años como profesor de cátedra impartiendo los cursos de Metodología de la Investigación en Ciencias Sociales, particularmente Metodología de la Investigación Cualitativa. Actualmente es profesor titular de la Escuela de Graduados en Educación (EGE) del Tecnológico de Monterrey en los programas de maestría y doctorado donde imparte cursos de metodología de la investigación cualitativa y cuantitativa, teoría y práctica de educación a distancia y diseño instruccional. Es coordinador del programa de Maestría en Tecnología Educativa en la Escuela de Graduados en Educación del Sistema Tecnológico de Monterrey. Dentro de la Cátedra de Innovación en Tecnología y Educación, el Dr. Fernando Mortera desarrolla las siguientes actividades: Asesora proyectos de maestría y realiza estudios sobre aprendizaje combinado (blended learning), interacción en educación a distancia y sobre recursos educativos abiertos, tanto en instituciones privadas como públicas. Participa en el Consejo Mexicano de Investigación Educativa (COMIE), en la Red de Investigadores de la Investigación Educativa (REDIIE), en la Red de Innovación de Red de Investigación e Innovación en Educación del Noreste de México– (REDIIEN) y también en la Comunidad Latinoamericana Abierta Regional de Investigación Social y Educativa (REDCLARISE).

Correo electrónico: fmortera@tecvirtual.mx

Dra. María Soledad Ramírez Montoya (Escuela de Graduados en Educación-Tecnológico de Monterrey –ITESM-). Realizó estudios de profesora de Educación Preescolar en la Escuela Normal de Sonora y la Licenciatura en Ciencias de la Educación en el Instituto Tecnológico de Sonora. Con el apoyo del Consejo Nacional de Ciencia y Tecnología (CONACYT) y de la Secretaría de Educación de Sonora realizó estudios de Maestría en Tecnología Educativa y Doctorados en Educación y en Psicología de la Educación: Instrucción y Currículo en la Universidad de Salamanca (España). Sus líneas de investigación son las estrategias de enseñanza, los recursos tecnológicos para la educación y la formación de investigadores educativos. Actualmente es profesora titular de la Escuela de Graduados en Educación del Tecnológico de Monterrey en los programas de maestría y doctorado donde imparte cursos de modelos y estrategias de enseñanza, demandas educativas para la sociedad del conocimiento, investigación para la mejora de las prácticas educativas y desarrollo de proyectos de tecnología educativa. Es directora de la Cátedra de Investigación de Innovación en Tecnología y Educación, es investigadora asociada al Centro de Investigación en Educación del Tecnológico de Monterrey y es miembro del Sistema Nacional de Investigadores. Participa en la Red de Posgrados en Educación, en el Consejo Mexicano de Investigación Educativa (COMIE), en la Red de Investigadores de la Investigación Educativa (REDIIE), en la Red de Innovación de Red de Investigación e Innovación en Educación del Noreste de México –(REDIIEN), es Presidenta del Comité de Aplicaciones y Asignación de Fondos en la Corporación de Universidades para el Desarrollo de Internet (CUDI) y es la organizadora principal de la Red Latinoamericana Abierta Regional de Investigación Social y Educativa (CLARISE).

Correo electrónico: solramirez@tecvirtual.mx

Autores

Ing. Silvia Irene Adame Rodríguez, MTI. (Tecnología Educativa y a Distancia, Universidad Autónoma de Guadalajara –UAG-). Es Ingeniera en Electrónica y cuenta con Maestría en Tecnologías de Internet por la Universidad Autónoma de Guadalajara, actualmente estudiante del Doctorado en Ingeniería en la Universidad Autónoma de Baja California. Realizó Estancia de Doctorado en el Centre of Research and Communication de la Universidad de Nottingham en UK. Líneas de investigación: OER, Design Science in Information Systems Research, e Learning. Proyectos de investigación actuales: Sistema de Diagnóstico y Evaluación de Repositorios Institucionales Abiertos interoperables por OAI-PMH. Administradora de la plataforma de cursos en línea de Ciencia y Tecnología. Tutora para el Entorno Virtual por UTN Buenos Aires, Argentina. Certificada en tecnologías SmartTech. Instructora certificada Diplomado en Competencias Docentes Módulo II por SEP- ANUIES. Publicación de artículos de divulgación. Colaboradora de proyectos de Investigación en la UAG y en CUDI-CONACYT 2010 "Recursos educativos abiertos y Móviles para la formación de investigadores educativos". Ha participado como ponente en el XII Congreso Internacional Educación Electrónica, Móvil, Virtual y a Distancia. "La Globalización y la Educación a Distancia" TELEDU 2010 Bogotá, Colombia. Panelista en el evento anual "Sumando por la Calidad Educativa" Computer Land, Cámara de Comercio, Guadalajara, Jal. Publicación de artículos de divulgación. Colaboradora del proyecto de Investigación CUDI-CONACYT 2010 "Recursos educativos abiertos y Móviles para la formación de investigadores educativos". Diseño curricular del diplomado en Docencia para profesores de Ciencia y Tecnología. Diseño e implementación de Aulas Multimedios, UAG. Profesora de Licenciatura en el Área de Ingeniería.

Correo electrónico: sadame@edu.uag.mx

Ing. Oscar Beltrán Gómez (Universidad Tecnológica de Chihuahua – UTCH). Es ingeniero en Sistemas Computacionales (ISC) por el Instituto Tecnológico de Chihuahua II y actualmente es aspirante a grado de la maestría en Ingeniería en Sistemas de la Universidad Autónoma de Chihuahua en la especialidad de Automatización. Esta certificado como: Java Programmer SE 6, Oracle Sun Certified, Certification to The Carnegie Mellon University Robotics Academy Vex e Instructor CISCO CCNA EXPLORATION 4, además cuenta con estudios y diplomados en lenguajes computacionales como: Scala Programming Language of Typesafe y Spring Framework by Pivotal. Sus áreas de especialidad son la implementación de aplicaciones basadas en tecnología móvil, diseño aplicaciones web orientadas por eventos, integración de aplicaciones basadas en mensajería y desarrollo de aplicaciones basadas en patrones de diseño. Cuenta con 13 años de experiencia en áreas relacionadas con las Tecnologías de la Información y la Comunicación, 5 años como tutor y profesor de tiempo completo en la Universidad Tecnológica de Chihuahua y 3 años como profesor de asignatura en la Universidad Autónoma de Chihuahua. Ha participado como ponente en el 34o Congreso Internacional de Ingeniería Electrónica Electro 2012, Volumen XXXIV (ISBN: 1405-2172) y en el IEEE ROC&C'2012 Vigesimotercera Reunión Internacional de Otoño, de Comunicaciones, Computación, Electrónica, Automatización, Robótica y Exposición Industrial (ISSN: 978-607-95630-3-5). Actualmente investiga la implementación de lenguajes específicos de dominio (DSL) con interfaces fluidas para generar comportamientos predecibles en el diseño de sistemas.

Correo electrónico: obeltran@utch.edu.mx

Mtro. José Vladimir Burgos Aguilar (División de -Tecnológico de Monterrey – ITESM-). Es asesor y estratega en distintos temas de innovación, tecnología y educación. Su experiencia profesional incluye más de 10 años en las áreas de gestión de proyectos, diseño, implementación y evaluación de estrategias de información para organizaciones de servicios en México. Es egresado de la licenciatura en Informática en el Instituto Tecnológico de Culiacán (1998) y cuenta con estudios de Maestría en Administración de Tecnologías de Información (2000) y Maestría en Ciencias de la Información y Administración del Conocimiento (2009) por el Instituto Tecnológico y de Estudios Superiores de Monterrey. Se desempeña en el Tecnológico de Monterrey como Coordinador de Enlace e Innovación Educativa en el Centro Innov@TE, Centro para la Innovación en Tecnología y Educación desde su creación en marzo de 2007 y combina su práctica profesional como Profesor desde el año 2001 en la Universidad Virtual del Sistema Tecnológico de Monterrey, así como Profesor investigador vinculado a la Cátedra de Investigación de Innovación en Tecnología y Educación del Tecnológico de Monterrey. Tiene experiencia en el movimiento educativo abierto desde el año 2007 como líder y coordinador del proyecto "Knowledge Hub" una iniciativa con impacto internacional, ahora llamado "temoa" (temoa.info). TEMOA es un proyecto presentado por el Sistema Tecnológico de Monterrey en el Foro Económico Mundial (World Economic Forum, WEF) como miembro activo de la comunidad de universidades que participan en el GULF (Global University Leaders Forum) con alusión al tema "Digital Dissemination of University Content". Es también coordinador del proyecto OpenCourseWare del Tecnológico de Monterrey desde el año 2008 -y ha participado en diversos proyectos interinstitucionales a través de CUDI, la Corporación Universitaria para el Desarrollo de Internet en México desde el año 2009 a la fecha abordando el tema de acceso abierto a la información y los recursos educativos abiertos. Es coautor y coordinador editorial del primer libro electrónico en modalidad abierta publicado por medio del programa editorial del Tecnológico de Monterrey en el 2010, "Recursos educativos abiertos en ambientes enriquecidos con tecnología: innovación en la práctica educativa" que se distribuye de forma pública y gratuita en países de habla hispana a través de internet. Es miembro de la Comunidad Iberoamericana de Sistemas de Conocimiento auspiciada por el Centro de Sistemas del Conocimiento del Tecnológico de Monterrey, A.C. -y de la Comunidad Internacional de la UNESCO para el desarrollo de recursos educativos abiertos (acceso abierto al conocimiento). Así como Coordinador de CLARISE por sus siglas de "Comunidad Latinoamericana Abierta Regional de Investigación Social y Educativa", proyecto financiado por la Red CLARA por sus siglas de Cooperación Latino Americana de Redes Avanzadas.

Correo electrónico: vburgos@itesm.mx

Dr. René Guadalupe Cruz Flores (Universidad Autónoma del Estado de México-UAEM). Ha sido un profesional del área tecnológica desde hace más de 20 años, participando en diferentes puestos relacionado al desarrollo de software a lo largo de su carrera en instituciones privadas y públicas utilizando diversas plataformas y diferentes lenguajes de programación. Desde el año 2001 ha trabajado en el ámbito académico en la Universidad Autónoma del Estado de México realizando proyectos en el área de sistemas distribuidos y programación de sistemas. Actualmente es el coordinador de investigación y estudios avanzados de la Universidad Autónoma del Estado de México, Campus Valle de Chalco, donde además es responsable del Laboratorio de Aprendizaje Móvil y Tecnología Educativa donde realiza una investigación sobre aprendizaje colaborativo móvil con aplicaciones recreativas y videojuegos a través de diferentes tesis de posgrado y licenciatura. Es coordinador de la Red Mexicana de Aprendizaje Móvil con la que participa activamente con investigadores de diferentes instituciones nacionales e internacionales con investigaciones acerca del uso de dispositivos móviles en la educación. Así como miembro del Sistema Nacional de Investigadores (SNI). En el ámbito profesional es dueño y CEO de la empresa G-Cross Studio, empresa dedicada al desarrollo de videojuegos para plataformas iOS y Android e innovación de soluciones móviles. Respecto a su formación, es Ingeniero en computación por la UAEM, Maestro en Ciencias por la Fundación Arturo Rosenblueth y Doctor en Ciencias por la UABC. Tiene las siguientes certificaciones profesionales: Microsoft Certified Proffesional, Microsoft Certified Solution Developer, Sun Certified Java Programmer, Sun Certified Java Developer, iOS Developer y Android Developer.

Correo electrónico: rgruzf@uaemex.mx

Dr. Leonardo David Glasserman Morales (Escuela de Graduados en Educación-Tecnológico de Monterrey –ITESM-). Realizó estudios de Licenciado en Administración de Empresas, Maestría en Comercio Electrónico y Doctorado en Innovación Educativa en el Tecnológico de Monterrey. Cuenta con la especialidad en formación en tutoría virtual por la Organización de Estados Americanos (OEA) y diplomado en propiedad intelectual por el ITESM y el Instituto Mexicano de la Propiedad Industrial (IMPI). Ha participado en proyectos financiados nacionales (CUDI-CONACYT 2010, CUI-CONACYT 2011) e internacionales (RedClara y Alice2). Ha participado como ponente en congresos nacionales e internacionales y es autor de artículos en revistas arbitradas así como en capítulos de libros con comité científico. Colabora con la Escuela de Graduados en Educación del Sistema Tecnológico de Monterrey como profesor titular de los cursos de Proyecto I y Proyecto II dentro de la maestría en educación y como profesor tutor de los cursos de Proyecto I y Proyecto II dentro de la maestría en tecnología educativa. Sus líneas de investigación se enfocan al uso de la tecnología en la educación.

Correo electrónico: glasserman@gmail.com

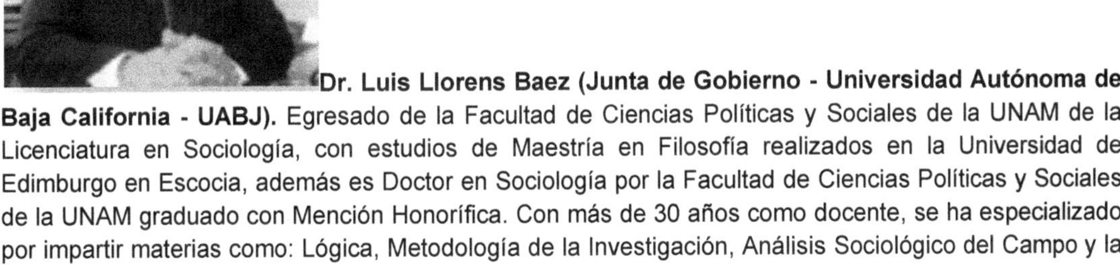

Dr. Luis Llorens Baez (Junta de Gobierno - Universidad Autónoma de Baja California - UABJ). Egresado de la Facultad de Ciencias Políticas y Sociales de la UNAM de la Licenciatura en Sociología, con estudios de Maestría en Filosofía realizados en la Universidad de Edimburgo en Escocia, además es Doctor en Sociología por la Facultad de Ciencias Políticas y Sociales de la UNAM graduado con Mención Honorífica. Con más de 30 años como docente, se ha especializado por impartir materias como: Lógica, Metodología de la Investigación, Análisis Sociológico del Campo y la Ciudad, Sociología Rural, entre otras.

Correo electrónico: luis_llorens@uabc.edu.mx

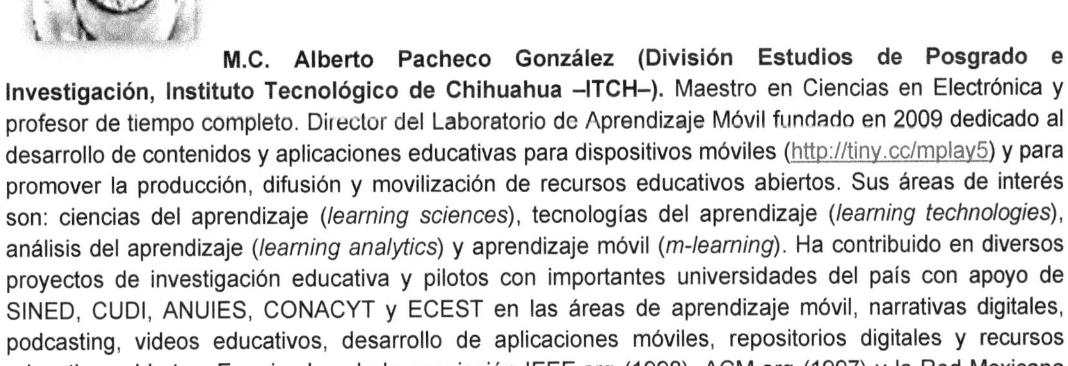

M.C. Alberto Pacheco González (División Estudios de Posgrado e Investigación, Instituto Tecnológico de Chihuahua –ITCH–). Maestro en Ciencias en Electrónica y profesor de tiempo completo. Director del Laboratorio de Aprendizaje Móvil fundado en 2009 dedicado al desarrollo de contenidos y aplicaciones educativas para dispositivos móviles (http://tiny.cc/mplay5) y para promover la producción, difusión y movilización de recursos educativos abiertos. Sus áreas de interés son: ciencias del aprendizaje (*learning sciences*), tecnologías del aprendizaje (*learning technologies*), análisis del aprendizaje (*learning analytics*) y aprendizaje móvil (*m-learning*). Ha contribuido en diversos proyectos de investigación educativa y pilotos con importantes universidades del país con apoyo de SINED, CUDI, ANUIES, CONACYT y ECEST en las áreas de aprendizaje móvil, narrativas digitales, podcasting, videos educativos, desarrollo de aplicaciones móviles, repositorios digitales y recursos educativos abiertos. Es miembro de la asociación IEEE.org (1998), ACM.org (1997) y la Red Mexicana de Aprendizaje Móvil (ReMIAM.org, 2010).

Correo electrónico: alberto@acm.org

Twitter: @beto0303

Portales: http://tiny.cc/m-lab, tiny.cc/videotec, tiny.cc/expovision, tiny.cc/dokumovil

Apps: http://tiny.cc/mplay1, tiny.cc/mplay2, tiny.cc/mplay3, tiny.cc/mplay4, http://tiny.cc/mplay5

e-Books: http://tiny.cc/libro01, tiny.cc/libro02, tiny.cc/libro03

Dr. Jaime Rodríguez Gómez (Facultad de Educación, Universidad de Montemorelos -UM-). Es Licenciado en Ciencias de la Educación con especialidad en Física y Matemáticas de la Universidad de Montemorelos, donde también estudió la Maestría y el Doctorado en Educación con acentuación en Currículo e Instrucción. Además cuenta con la Maestría en Ciencias con especialidad en Matemática Educativa del CINVESTAV. Es miembro activo de la REDIEN y actualmente es el director del Centro de Investigación Educativa de la Universidad de Montemorelos. Cumple funciones de docencia en el área de matemáticas y su enseñanza, estadística e investigación, en los niveles de licenciatura y posgrado. Sus líneas de investigación primarias son dos, una que analiza las diferencias individuales en el aprendizaje a través de los estilos y enfoques de aprendizaje en estudiantes universitarios. La otra versa sobre el uso de la tecnología en la enseñanza y aprendizaje de las matemáticas, principalmente en la educación media.

Correo electrónico: jar@um.edu.mx

Dra. Ana Lucrecia Salazar Rodríguez (Facultad de Psicología-Universidad de Montemorelos –UM-). Realizó estudios de Profesorado en Segunda Enseñanza en Psicología y la Licenciatura en Psicología en la Universidad de San Carlos de Guatemala. Cursó un diplomado en Desarrollo Comunitario en la Universidad de las Indias Occidentales- UWI y un diplomado en Investigación en la Universidad de Montemorelos. Con el apoyo de la Organización de Estados Americanos (OEA) realizó estudios de Maestría y Doctorado en Educación con acentuación en Administración Educativa en la Universidad de Montemorelos. Da seguimiento a varias líneas básicas de investigación en asesorías de tesis de posgrado y licenciatura, principalmente en el área de recursos humanos, tecnología educativa y formación de investigadores educativos. Es catedrática e investigadora de la Facultad de Educación y la de Psicología en la Universidad de Montemorelos. Imparte clases en el nivel de doctorado, maestría y licenciatura. Tiene a su cargo la Dirección de la Facultad de Psicología. Participa en la Sociedad de Educación Comparada Mexicana y actualmente es Presidenta de la junta directiva de la Red de Investigación e Innovación Educativa del Noreste de México-REDIIEN.

Correo electrónico: anlusar@um.edu.mx

REGRESAR AL ÍNDICE

Esta obra da cuenta de la primera experiencia de unión de repositorios en México a través del proyecto "Metaconector de repositorios educativos para potenciar el uso de objetos de aprendizaje y recursos educativos abiertos: mejores prácticas", financiado por un fondo mixto de la Corporación de Universidades para el Desarrollo del Internet (CUDI) y el Consejo Nacional de Ciencia y Tecnología (CONACYT) y desarrollado por académicos de cinco instituciones: Tecnológico de Monterrey (ITESM), Instituto Tecnológico de Chihuahua (ITCH), Universidad de Montemorelos (UM), Universidad Autónoma de Guadalajara (UAG) y Universidad de Guadalajara (UdG).

Fueron tres los objetivos del proyecto:

(a) Ayudar a dar visibilidad a la producción científica, académica y documental.

(b) Desarrollar un "metaconector" (cosechador de datos) que permitiera acceder a información básica de distintos repositorios digitales: http://www.educonector.info/

(c) Generar una guía de referencia para el uso de objetos de aprendizaje (OA) y recursos educativos abiertos (REA): http://issuu.com/licci/docs/guia-rea-oa

ISBN 978-1-304-64913-3 90000
9 781304 649133

www.ingramcontent.com/pod-product-compliance
Ingram Content Group UK Ltd.
Pitfield, Milton Keynes, MK11 3LW, UK
UKHW051128260726
13967UKWH00010B/2932

9 781304 649133